浙江师范大学杭州幼儿师范学院附属幼儿园　编著

ZHEJIANG UNIVERSITY PRESS
浙江大学出版社

本书编委

主　编：

朱　瑶　王　芳

副主编：

方小兰　胡　瑛　金丽君　叶小红　姚明敏　庄周赟　周国华

编写人员系浙江师范大学杭州幼儿师范学院附属幼儿园部分教师（按文章的先后顺序排名）：

王　芳　朱　瑶　倪慧芳　李婷婷　陈芳芳　华　珉　叶　婷
蔡　燕　徐青芳　张丽丽　童　玲　赵　娜　来奇芳　赵丽平
吴思艳　杭月明　周洁芳　吴巧莲　童灵芝　龚凌竹　王　璐
董晓君　赵　然　顾春霞　陈慧虹　许　倩　周林娟　方小兰
曹高云　金琛洁　吴白羽　周乙萍　胡　瑛

序

教育学、心理学、社会学、医学的研究结果都表明：幼儿情绪能力在幼儿智力、个性、社会性等的形成发展中起十分重要的作用，而且幼儿年龄越小，情绪能力在其发展中的作用越突出。情绪能力低的幼儿在面对挑战时，不能控制自己的不良情绪，如焦虑和恐惧情绪容易产生退缩，这会对幼儿认知和人格发展产生影响等等。教育部颁布的《3~6岁学前儿童学习与发展指南》中也强调情绪对儿童发展的重要意义，认为良好的情绪是幼儿学习与发展的重要条件，是幼儿心理健康的重要标志。欣喜我园十多年的幼儿情绪能力研究对幼儿发展的价值，深感我们走的十多年艰辛研究之路特别值得。它成为了我园的特色之一，深深根植于我园的文化之中。

2008年我园在省规划课题的基础上申报了教育部重点课题“幼儿园情绪能力培养”，继续展开漫长的幼儿情绪能力培养的探索之路，我们的研究扎实而有序，课题从教师角度研究教师自身情绪管理和教师对幼儿情绪回应的策略，从幼儿角度研究幼儿应对挑战达成目标的能力，研究孩子在与同伴交往中情绪表达、情绪理解与情绪调控，研究幼儿的入园适应……每一个角度的研究我们都认真对待，确保研究的效果。“学习——研讨——实践——提升”，我们在不断的循环中积累、成长。

感谢研究团队成员多年来坚持不懈的努力，感谢浙江理工大学葛列众教授、刘少英博士多年来的精心指导。感谢全体教师的支持、理解且不断努力实践。回望走过的路，有很多的欣喜，也有小小的满足。但我们深知前面的路还很长，研究永无止境。

本书是我们多年来进行情感能力培养专题活动内容的汇编，它是我们在真实情境中、真实体验中培养孩子情绪能力的一个个案例，经过教师们一轮轮的实践，虽然它还不是很成熟，也还很不完善，但孩子们喜欢这样的活动，在这样的活动中孩子们有收获。我们把它汇编成册，期待更多的教师关注幼儿情绪能力的培养，期待有抛砖引玉的效果。

浙江省特级教师 王芳

打造高EQ宝宝
——幼儿园情感专题活动组织策略 / 1

交往篇

好玩的多米诺骨牌
——记大班的小组合作活动 / 8

欢乐打击乐 / 18

连环画屋 / 26

创编故事书 / 34

竖起我的大拇指 / 42

理解棋 / 51

朋友车 / 59

朋友家 / 67

耐心篇

服装工作坊 / 74

创意自画像 / 81

编织工作坊 / 90

我爱刺绣 / 99

小积木叠高楼 / 105

趣味拼图 / 113

折纸工作坊 / 120

香袋工作坊 / 130

网 / 136

母鸡孵蛋 / 141

情绪篇

微笑 / 154

爱你有多深 / 162

我不想生气 / 171

我会哭我会笑 / 181

打造高EQ宝宝

——幼儿园情感专题活动组织策略

朱 瑶

摘要：高EQ人具备积极、健康而优秀的情感品质和情感能力，几乎所有的儿童都可能发展出好的情感品质和能力，其优劣高低主要取决于后天教育方式和自我修养。我园采用情感专题活动提高幼儿EQ，情感专题活动内容主要来源于幼儿的情绪事件，如同伴争议、老师批评、需要未满足等，采用了“选择和创设生动的情境；让幼儿在情境中充分体验；归因提炼，使孩子们获得情绪情感品质和能力提高的方法”等情感专题活动组织策略。

关键词：情感智能、同质体验、螺旋式体验、归因

情感智能（EQ）越来越受到关注，研究表明，它决定着每个人的性格基调，影响着人生发展和事业成就。高EQ人具备积极、健康而优秀的情感品质和情感能力，给人以智慧、力量和信心。情感智能是个体完满生命中最基础、最重要、最关键的一种品质和能力，影响着人的生活的方方面面，“包括对己的认知和调控、对人的同情和理解、对科学的探索和迷恋、对艺术的欣赏和创造、对未来的向往和憧憬……它涵盖着一个人对己、对人、对事、对社会的自制力、刚毅力、善解人意能力、与人热忱相处的能力”等等。①

“一个孩子从出生到早期教育，首先是以情绪、情感作为其沟通、表达、连接外部世界的信号，情绪较之认知，原始作用更早，动力性更强。”因此，儿童情绪、情感的开发期应该更早……几乎所有的儿童都可能发展出好的情感品质和能力，其优劣高低主要取决于后天教育方式和自我修养。

因此，从小关注幼儿的情感品质和能力就显得非常重要。经过多年的研究，我园采用情感专题活动以提高幼儿的EQ初见成效。在情感专题活动中，幼儿园专为幼儿选择和创设与幼儿生活密切相关的情境，启发幼儿在情境中积极实践、充分体验，用归因提炼等方法学习运用，并围绕培养幼儿一种品质或能力来开展一连贯有目的、有计划、系统的综合性活动。情感专题活动内容主要来源于幼儿的情绪事件，如同伴争议、老师批评、需要未满足等，采用了“选择和创设生动的情境；让幼儿在情境中充分体验；归因提炼，使孩子们获得情绪情感品质和能力提高的方法”等情感专题活动组织策略，使孩子们“从小对生活、对周围环境抱有浓厚的兴趣，保持愉快情绪，能热情参加各项活动，形成活泼开朗的性格；从小具有依恋信任感、同情合群感、好奇求知感、求美审美感、敬畏秩序感、爱物惜物感等情感品质；帮助他们形成初步的情绪识别、情绪表达、情绪调控等情感能力。”②传统的幼儿园情绪情感教育总是以说教为主，灌输的多，不关注孩子是否

①朱小曼：《儿童情感发展与教育》，江苏教育出版社1998年版，第4页。

②朱小曼：《儿童情感发展与教育》，江苏教育出版社1998年版，第248-249页。

真正内化、理解，经常发现孩子说的比做的好，认知能力比行为能力要强很多，即孩子说一套，做一套，而情感教育是心的教育，让孩子在真实的情境中体验、帮助他们内化吸收，好的品质才会自然的外显在行动中，知和行才能统一。因此，我们的情感专题活动更注重在生动的情境中开展同质和螺旋式体验，学习并运用归因提炼的方法。

策略一：选择和创设生动的情境

在情境中浸润，并在情境中进行情感专题活动，是我们情感教育特色之一，它使活动自然、无边界，贴近孩子的经验，且生动有效。情境有两种来源：一是选择自然的情境，二是创设合适的情境。教师要抓住自然情境，让孩子身临其境，先感受体验，动之以情，表达提升，再提高认知和行动能力。如发现孩子们的延迟满足能力在倒退：孩子在等待倒水时、荡秋千时、上厕所时表现出不耐烦或争抢，举手发言没被请到时表现出不高兴，教师就把这些真实的情境，用视频或图像记录下来，在“延迟满足”情感专题活动中，让孩子们参与分析，然后提炼出在这些情境中的等一等、忍一忍的方法。当这些情境再次出现时，用图文并茂的形式提醒幼儿，会收到很好的效果。或将教学目的转化为一个幼儿容易接受的情境，如我们为了让幼儿学会行为归因，就在“竖起你的大拇指”情感专题活动中创设赞美墙这样的情境，将幼儿的行为归类为“上课、游戏、生活”三个情境，在各情境中罗列出“值得夸”的项目，在上课情境中罗列出——上课认真倾听值得夸、上课动脑筋值得夸、上课发言积极值得夸、上课坐得端正值得夸等，各项目的情境一一用大张纸头、用孩子看得懂的图示张贴着，孩子们明白怎样的行为是值得肯定的，使情境具有隐形暗示和引领作用。

情感专题活动中的情境具有贴近幼儿真实生活、具有普遍教育意义、趣味性强、在操作中蕴含充分体验机会这些特点。

首先情境要贴近幼儿的真实生活、具有普遍的教育意义。真实的事件才会使孩子触景生情、有感而发，基于我们的眼睛，截取带普遍性的，影响力大的，发现并抓住幼儿身边发生的情境进行情感专题活动。经过多年的跟踪调查，发现引发幼儿消极情绪的主要事件是同伴争执、受到批评和需要未满足，其中同伴争执引发消极情绪占48.6%，比例很大。教育得当会使大部分孩子终身受益，这是具有普遍教育价值的契点。我们就截取了容易引发同伴争执的一些真实的情境，像分享玩具、下棋、搬凳子等，进行一一引导。如在分享玩具情境中，孩子们往往想得到自己喜爱的玩具，当别人不与他分享时，就容易发生争执。孩子的争执不可怕，他们就是在与人交往中不断积累友好相处经验的。教师就要运用好这样的情境，开展角色扮演、视频回放、经验提炼等活动，引出“如何做会分享的宝宝”，并学习在这样的情境中要说好听的话，还要学会友善、包容、合作、礼貌等与人相处的技巧。

其次是趣味性的情境可提高幼儿积极参与。在有趣的情境中，孩子会被吸引，自然而然地融入其中，放松地感知，展示真实的自我。教师积极地诱发，潜移默化的熏陶取代强制性的灌输，会让幼儿愉快地吸收，达到事半功倍的效果。如在“齐心协力”情感专题活动中，为了让幼儿理解“齐心协力”的含义，就创设了“两人三足”、“拼字”、“拉绳”、“送信”等游戏情境，让幼儿在趣味的情境中体验和互动，兴趣会更高，行动中就能理解“大家要一起尽自己最大的力量往共同目标努力”，“齐心协力才能水到渠成”，

小朋友沉浸在这样的情境中，自然而然地理解了合作的重要性。

第三是在操作情境中蕴含充分体验的机会。教师可以布置有发展空间的、可以贯穿性操作的、引发问题的、有任务意识的、富有竞争性的情境，让幼儿通过努力达到目标，多方面地体验到完成任务过程中的自我强大，这对幼儿的意志力、敢于迎接挑战、不怕困难等情感品质的培养非常有意义。如《耐心》专题活动中，每日设置一段时间为耐心时段进行体验：老师、阿姨和孩子一起培养自己的耐心，放慢、放轻行动的节奏与速度。其次是创设耐心环境体验：安静、有序、不匆忙的环境及耐心指令的设计（安静的手势、平息情绪的手势、耐心音乐、耐心色彩牌等）。第三是耐心游戏体验：如闭眼数数、单脚站立、扮演角色、安静游戏、缓慢走线、角落静思等。第四是耐心教学活动安排：像中班《拼图》情感专题活动，主要是通过任务布置，让幼儿挑战自我，并养成耐心的良好品质。我们先对全体幼儿的能力进行筛查，发现有显著性差异，有些幼儿能拼 70 块，有些孩子只能拼 16 块。针对这情况，就制定了纵向评价图，每个孩子设置不一样的任务情境，孩子们每天挑战自己的极限，通过三周的活动，大部分幼儿能达到 100 块，最多的孩子能拼 500 块，其中教师还组织水平相当的人进行拼图竞赛，大大提高了孩子拼图的热情和拼图的技能。就这样，幼儿在以上四个交织在一起的活动情境中，一次次得到体验，积累良好的耐心品质，收到很好的效果。

策略二：让幼儿在情境中充分体验

“体验，既是一种活动，也是活动的结果。作为一种活动，是主体亲历某件事并在此过程中对事物产生真切的感受，从而形成某种态度和认识的过程；作为活动的结果，是主体在亲身参与实践的过程中，对其中所隐含的道理和意义形成的独特感受和领悟。这种感受和领悟是直接的、极具个人特征，他人无法替代，而且往往是深刻的。”[①]

“体验”是幼儿园情绪情感教育中非常重要的学习方式。“特别是情感态度类的学习，更不是简单地‘讲道理’所能奏效的。原则上讲，态度不是‘教’出来的，也不是可以脱离其他内容而单独存在的东西，它是伴随着活动过程而产生的体验”。[②]让幼儿在情境中充分体验符合幼儿的直接感知、实际操作和亲身体验的学习特点。我们的情感专题活动采用了同质体验、螺旋式体验来提升孩子的 EQ。

（一）同质体验

“同质体验，由同类对象所产生的同一种情感体验的积累；每次体验不能是简单的重复，而是应掺入新的成分，即激起体验的情境要有变化，对情境的认识要逐步深化。”[③]幼儿园的同质体验意在通过同类活动的多样横向体验，对某一种情感品质和能力进行丰富积累。我们开展了不同内容的同质体验和不同时间的同质体验。

首先是不同内容的同质体验。幼儿园的孩子年龄小，注意集中时间短，好转移、好厌倦是这年

①李季湄、冯晓霞主编：《3-6 岁儿童学习与发展指南》，人民教育出版社 2013 年版，第 98 页。
②李季湄、冯晓霞主编：《3-6 岁儿童学习与发展指南》，人民教育出版社 2013 年版，第 102 页。
③朱小曼著：《儿童情感发展与教育》，江苏教育出版社 1998 年版，第 261 页。

龄的特点，需要我们在内容上，采用不同角度的同质体验，维持他们的兴致。对内容进行不断丰富和充实，使体验不断深化。我园每学期开展一次有特色的全园联动活动，就是按照同质体验方式设置的。如全园联动的《耐心》专题，大中小托班都是围绕培养孩子的耐心品质进行活动，但每个班在内容上都是不同的，分别有叠高、多米诺、刺绣、编织、拼图、制作服装、剪纸、工艺自画像等，从不同的角度切入，期间通过同龄对班（对班即幼儿、教师、环境定时定点部分交换）、混龄对班进行横向体验；最后展示时，全园小朋友一起参与，体验到不同类型耐心活动的多种玩法。目的都是让孩子通过同质体验，明白耐心是需要应对挑战才达成目标的，而不是动作慢等有益经验的积累。

幼儿园的一日活动都是课程，孩子每天生活在丰富多彩的活动中，日常生活、游戏、户外锻炼等内容也能丰富孩子的体验。如我们会在倒水、音乐游戏找朋友、选择玩具、排队下楼梯、轮流玩滑板等时候，同质体验延迟满足，学习自我调控。在"我等在你后面好吗"，"好朋友跟别人玩了，等下次再找他"，"你玩好了给我"等语言的引领下，体验耐心在不同环节中的运用，从而提高孩子自我调控和延迟满足的能力。

第二是不同时间的同质体验。我们有一个全程大单元专题活动的做法，即每年都做这个专题，大目标定位一致，活动有延续、有添加，体验有积累，有利于调动儿童的经验，因为孩子的发展是有阶段性的，与年龄特点有关，没发展到这阶段，他是体验不到教育价值的，效果也会大受影响。所以前一年的体验是后一年的准备，后一年的体验是前一年的发展，这样能使专题活动往深层次递进，促使幼儿更自主地参与。但时间上不同，给孩子的体验会不一样，实效也会不一样，也验证了"每次体验不能是简单的重复，而是应掺入新的成分"这句话含义。如围绕提高幼儿交往能力，设计了不同年龄段的系列专题，小班——《朋友车》专题，引导孩子关注同伴，学习轮流、谦让、协商、关心帮助等交往策略。中班——《受欢迎的小棋手》专题，借助评比"受欢迎的小棋手"，提高幼儿遵守规则、控制情绪、理解安慰等交往策略。大班——《多米诺骨牌》专题，通过评选"爱的合作小组"提高幼儿协商计划、责任分工、宽容理解、分享帮助等交往策略。通过这个大单元专题体验，幼儿对同伴交往所需的策略就有较为全面的体验，对提高幼儿的交往技能很有帮助。

（二）螺旋式体验

心理学研究成果表明，我们的大脑接受外界信息以后，都有一个自我消化和梳理的过程，当我们的知识积累到一定程度，思考深入到一定深度，就会自发地产生一个质的飞跃，达到一个豁然开朗的境界。如同小孩每一步的前进都得益于无数次摔跤经验的积累。螺旋式体验就是想通过体验，引发思考，再进行操作提升后内化为已有经验，然后再体验，呈现纵向、螺旋式上升、层层推进的特点。模式为：情境中初步体验——加深体验，提出具体目标——层层提升，回到情境中运用。

首先，在情境中初步体验。创设易发生情绪事件的情境，让幼儿体验情绪事件带来的内心感受，引导幼儿大胆表述自己的想法。如创设全班两两换同伴下棋，记录输赢并张贴，孩子会有很多种不同的体验，特别是经常输的孩子，会烦恼：下棋为什么我老是输，我不服气。经常赢的孩子，会很得意，沾沾自喜。

其次，加深体验，提出具体目标。再次创设情绪事件，加入新规则，认知提升，分析情绪事件，寻找正面形象特征来标榜，体验和反思行为，提出具体化目标。如引导幼儿明白下棋输

赢是经常的事，要胜不骄败不馁。做一个受同伴欢迎的小棋手更重要，怎样做才是受欢迎的小棋手呢？发现情绪表达合适、会安抚别人的、谦让的、懂规则的亲社会行为多的孩子能成为受欢迎的棋手。接着设定下棋的新规则，“6 才能起飞”、“遇到陷阱要倒退”、“掷骰子不能选数字”等来加强情绪事件的复杂性，一次次体验受欢迎人的特点，进一步让幼儿在下棋的过程中体验并学习用“理解他人”的方法来解决问题。

第三，层层提升，体验运用有效经验解决问题的乐趣。展现情绪事件解决中优秀案例的图示或视频，目的是让幼儿重温有效解决问题的一些方法，给幼儿起到正强化、正体验的作用，并将有效经验罗列。教师与幼儿一起讨论、总结，把有效的经验用好听的话和好记的图示进行汇总，便于孩子在出现情绪事件时的迁移和运用。有时还可以有意识地创设情绪事件难度，进行聚焦体验，提升幼儿解决问题的技能。如在棋类的规则上设置难度，A 小朋友快到终点时，被 B 小朋友压倒，必须退到起点，想想 A 小朋友的心情，B 小朋友该怎样做？讨论后，形成的方法有：“劝慰他，别难过”；友善地说：“真不好意思，把你打回去了，下次也许你会把我打回去的”；“我只是运气好吧”；“我们再来一次吧”等等，来理解他人，缓和气氛，来解决交往中的问题。

策略三：归因提炼，使孩子们获得情绪情感品质和能力提高的方法

心理学家研究发现，人们抱有的稳定的情感和态度，大多由他们从小习惯化形成的归因模式所决定。归因简单说就是把失败与成功归于某种原因。学会正确的归因方式，在挫折和错误发生后就不会怨天尤人，而是积极面对，会更容易获得成功。幼儿从小学习正确归因和提炼等方法能受益终身。

在情境中充分体验后，教师和孩子们一起分析，将散状的经验进行归因梳理，提炼出有价值的方法在班里推广，便于幼儿在以后的活动中运用。我们从培养幼儿学习归因，客观评价自己和他人、教师帮助幼儿提炼有效方法这两个方面展开。

首先培养幼儿学习归因，客观评价自己和他人。归因能帮助孩子自我反思，很好地了解自己，知道自己和他人的长处和不足，并能很好地剖析事件，提高处理情绪事件能力和解决问题能力，体验自我的强大。如《魔语》专题，老师用绘画的形式截取了五种游戏中的争执情景：户外游戏中两个小朋友因抢球而生气；游戏中一小朋友不小心撞倒了一旁的小朋友；两个下棋的小朋友正在为某一规则吵得面红耳赤；一个小朋友正在玩玩具，另一个小朋友故意抢走他的玩具；一位小朋友非常想看（玩）小伙伴的书（玩具）。让幼儿逐一观察情境，讲述自己如果是情境中的小朋友，会用怎样的语言来解决问题，用图文并茂的形式记录下来，引导孩子分析这些语言，将有效地解决问题的魔语进行归因，罗列出以下几种策略：放弃的策略（“我们两个都不要抢着椅子坐，给别人坐”），主动谦让的策略（“这次我让给你，下次你让给我”）、借助权威的策略（“这个是老师说的，你去问老师好了”），表达自己的心情、使同伴产生移情共鸣、从而解决问题的策略（“我很想看，我和你一起看好吗？”），等待策略（“你玩好给我玩好吗”），吸引对方、激发对方的好奇心、通过交换的策略（“我的书很好看，跟你换一本”），互利策略（“如果这次你给

我看，下次我也给你看”)，提出异议、帮助对方使用正确的新方法，并指明不这样做的后果（“要玩跟我说，不能抢，如果再来抢我，下次有好玩的我就不给你玩了”）等等。这些语言，与以往我们教师的教育语言相比，是多么生动鲜活，并且是很有效果的。幼儿对魔语的理解已经不再是老师提供的答案了，发现每个人都有魔语，魔语就是使你我都开心的话；魔语是表达自己心情，向别人诉说情感的话；魔语是能够解决问题的话。让幼儿通过这样的归因练习，知道自己也有许多魔语，是属于什么策略的魔语，还需要学习什么策略的魔语，懂得每个人都有优点和不足，都有值得学习的地方，对自己和他人的评价就会更客观和理性，也会有一个非常好的心态去面对一切。

其次教师帮助幼儿提炼有效的方法进行运用。幼儿在情境中经过充分体验后会积累很多有价值的经验，但由于能力有限，思维是片段式的，方法也是凌乱的，这时就需要教师介入引导，帮助提炼出有价值的、形象的、易记忆的、可推广的方法，便于幼儿采纳和运用。如《魔语》专题，教师将幼儿的魔语收集后进行了归类，总结了很多策略，但这些策略语言比较成人化，幼儿难以记忆且不利于幼儿间互相提醒使用。为了让幼儿能够掌握更多的魔语，并且顺利地在日常生活中运用，教师帮助幼儿对分享到的魔语进行提炼，将魔语分为四类：赞美魔语、心情魔语、问题解决魔语、礼貌魔语。赞美魔语如“你绳子跳得真好，我佩服你”，“你是下棋高手”；心情魔语如“我今天非常开心”，“我输了有点难过”；解决问题魔语如“我们一起看书好吗”，“我玩一会，等会给你玩，你稍等一下”；礼貌魔语如“对不起，我帮你擦干净”，“谢谢你的帮助”；等等。通过对魔语的分类和提炼，幼儿强化了对魔语的记忆，同时提炼后使孩子们更容易记住魔语，在实际游戏情境中更容易想起该使用哪类魔语。

艺术作品很有感染力，其中也能提炼出很多供幼儿学习的范式，起很好的榜样作用。它能提升幼儿认知能力，给孩子积极的心理暗示，进行意念引领。教师可通过绘本、故事、儿歌、图片、音乐剧、动画等作品，让幼儿多通道地感知，以图片、表演等形象化、情景化的方式生动展现、提炼出精彩片段，供幼儿模仿学习，便于幼儿在行动中使用和迁移，有效地帮助幼儿提高良好的情绪情感品质和能力。如绘本《我会哭我会笑》，旨在引导小朋友正确地表达自己的情绪情感，画面形象生动，孩子容易接受，能为幼儿调控自己情绪提供经验和迁移的作用。

《打造高 EQ 宝宝》是我园多年的研究课题，虽然取得了成绩，但也发现前面的路还很漫长，因为每个人的情感智能都有很大的差异，在幼儿园情感专题活动中如何既尊重个体又顾及全体，是我们还要努力的目标。

参考文献：

[1] 朱小曼，梅仲荪．《儿童情感发展与教育》［M］．南京：江苏教育出版社，1998.

[2] 李季湄，冯晓霞．《3~6 岁儿童学习与发展指南》［M］．北京：人民教育出版社，2013.

[3] 皮亚杰．《发生认识论原理》［M］．北京：商务印书馆，1995.

[4] 布鲁纳．《教学过程》［M］．上海：上海人民出版社，1973.

[5] 列昂节夫．《活动 意识 个性》［M］．上海：上海译文出版社，1980.

[6] 王芳，刘少英．《幼儿同伴关系发展特点及交往能力培养》［J］．《幼儿教育》教育教学刊，2012（3）:16-17.

EQ
交往篇
JIAO WANG PIAN

大班——合作

好玩的多米诺骨牌

——记大班的小组合作活动

倪慧芳（整理） 李婷婷

一、主题实施背景

合作学习是指两个或两个以上的个体为了实现共同的学习目标而自愿结合在一起，通过相互配合而实现共同目标，最终使个人学习需要也获得满足的一种社会交往活动。

在大班开展合作活动是具有可能性的。随着年龄的增长，大班幼儿心理发展水平有了很大的提高，逐渐地去自我中心化，有了同伴群体意识，产生了小团体。同时具有了关注周围人、事和理解他人的能力以及遵守规则、有意识地控制自己行为的能力。另外，喜欢在具有挑战性的活动任务中，显示自我和团队的力量。

我们尝试借助多米诺骨牌游戏对幼儿进行合作能力的培养。多米诺骨牌是一种用木、骨或塑料制成的长方形骨牌。玩时将骨牌按一定间距排成单行，或分行排成一片，或排成一幅图案。推倒第一张骨牌，其余会发生连锁反应依次倒下。多米诺骨牌是集体合作的智慧。借助多米诺骨牌，将搭建多米诺骨牌的任务呈现给幼儿，将同一个小组的幼儿紧紧联系在一起，彼此通力合作、相互帮助，一起为完成共同的目标而努力。

我们除了关注幼儿合作行为的培养，还关注幼儿对多米诺骨牌的特性、玩法、搭的技法方面的科学探究，因此，活动进行过程中两方面内容是交错、融合在一起的。主题是以两条线索并进展开的。对骨牌的探究我们更多的是利用日常的区角、自由活动时间来开展的，有时也结合小组合作活动进行。

二、主题活动总目标

1. 在玩多米诺骨牌的过程中，对骨牌之间的距离、位置、图案花样以及产生多米诺效应的方法有着积极的探索和发现。

2. 学习小组合作，逐步形成小组概念和小组责任感、荣誉感。为完成共同的目标，学会克服以自我为中心和年龄特点，学习与同伴协商沟通、分工合作，从而完成任务。

3. 在小组合作活动中学习关注、尊重同伴的情绪和想法，有关爱、帮助、谦让、宽容、分享等亲社会行为。

三、主题活动过程

活动一：什么是合作

活动目标

1. 通过故事，初步了解合作的基本特征。
2. 体验合作所产生的强大力量。

活动准备

故事图片、游戏场景。

活动过程

1. 了解什么是合作,合作的基本特征。

(1)教师提问:什么是合作?自己有没有和别人合作过,是怎么合作的?

幼儿自由讨论,大胆发表自己的想法。

(2)教师讲述故事《送小星星回家》。

教师结合图片讲述故事《送小星星回家》,提问:故事中的小星星遇到了什么问题?都有哪些朋友在帮助他?他的朋友们想出了一个什么方法?为什么要用这样的方法?

教师总结,引出合作的概念:合作是许多个人齐心协力,共同完成任务。

教师提问:送小星星回家,少一位朋友行吗?为什么?

教师总结:合作中每一个人都很重要。

2. 合作游戏,体验合作所产生的强大力量。

(1)教师创设游戏情境:教室中间画有一个大圆圈,圆圈中间放了一个球,要求幼儿站在圆外,不能利用任何工具,将球拿到手。

(2)幼儿想办法,用相互牵手的办法将球拿到手。

(3)请幼儿说一说为什么需要用合作的方法才能拿到球?说一说通过大家合作拿到球的心情和感受。

活动分析

在小组合作搭多米诺骨牌之前,我们觉得,幼儿必须先了解什么是合作,合作的基本特征是什么。于是,活动一开始就问幼儿:什么是合作?从幼儿的回答中,可以看出幼儿对合作的基本组织形式——“几个人在一起”有较为清楚、明确的认识,但他们对合作的内在、本质的特征:合作是“一起做同一件事”,即对具有一个共同目标、行为配合等的认识则明显不足。同时,幼儿将轮流、分享、谦让混同为合作,这种认识的不足,将会直接影响幼儿实际合作行为的产生。

通过故事《送小星星回家》,幼儿认识到合作的一些基本特征,接着幼儿在合作游戏中亲身体验这些。

幼儿要真正地理解合作、掌握合作的方法,在合作能力上得到提高和发展,还必须通过实际的合作活动才能实现。于是,我们开展了小组搭多米诺骨牌的活动。在这之前,我们确定了合作小组。我们以5人一组,共5组,开展合作活动。5人一组,在人数上既不会太多也不会太少,便于管理又便于合作活动的开展。小组组员的分配依照幼儿园历来分组的经验,以男女搭配、能力均衡、个性互补几方面为依据。

活动二:合作搭多米诺骨牌(一)

活动目标

1. 小组合作搭多米诺骨牌,学习商讨,共同确定搭建的主题。

2. 了解小组合作应该是小组所有成员都来参与。

活动准备

多米诺骨牌若干。

活动过程

1. 布置任务,引出课题。

教师告诉幼儿:今天,我们要小组合作一起来搭多米诺骨牌,搭什么呢?需要小组小朋友一起商量来确定。确定主题后,小朋友再一起来搭。

2. 小组商讨,确定搭建的内容。

(1)小组幼儿围坐一起商量:用多米诺骨牌搭建什么?

(2)交流汇报自己组商讨的结果,并讲述自己组是怎样商讨的?商讨中遇到什么问题,又是怎样解决的。

3. 小组合作共同搭建多米诺骨牌。

教师观察各个组的合作情况,及时进行记

录。尽量不干预，必要时（如当幼儿产生冲突，无法自行解决问题时）再进行干预。

4. 交流合作情况。

（1）幼儿相互参观各个组的作品，每组选取一名幼儿代表介绍自己组合作搭建时的情况。

（2）教师反馈一些自己观察到的具有普遍性的情况。提出需要解决的问题。

活动分析

小组初次的合作活动，幼儿出现了许多问题，如：意见不能统一、对合作概念的错误理解、只有个别成员的参与、成员之间缺乏沟通、不会沟通以及以自我为中心等，最终造成合作没能顺利进行。分析原因，我们认为主要是幼儿缺乏合作的意识，同时缺乏合作的技巧。在这样的情况下开展合作活动是不成熟的。因此，要解决以上这些问题首先要帮助幼儿建立合作的意识和合作小组的概念。只有意识到合作是一个团体行为，合作小组的每一个成员都是不能或缺的，幼儿才会主动地融入、积极地参与合作；只有拥有强烈的小组合作意识，幼儿才能以小组利益为重，摒弃自我中心，与其他成员保持一致，共同努力，完成任务。

于是，我们随即调整活动方案，决定先从建立小组概念，增强小组合作意识开始。我们开展各种合作游戏，进行合作小组命名等活动。

活动三：我的合作小组

活动目标

建立合作小组，产生小组概念，喜欢自己的合作小组。

活动准备

分工记录纸、纸、笔。

活动过程

1. 讨论：制作合作小组海报。

（1）教师告诉幼儿：我们要成立5个合作小组，每个合作小组都要设计一张介绍自己合作小组的海报。想一想，海报上应该有哪些内容？怎样设计海报？

（2）幼儿讨论：海报上的内容。

（3）教师总结讨论的内容。

2. 幼儿制作合作小组的海报。

（1）小组幼儿具体商讨自己的合作小组名称、合作小组的口号等。

（2）小组幼儿讨论各自负责制作海报的哪一部分内容，将讨论结果记录在分工记录纸上。

（3）幼儿按照分工内容，合作进行小组海报的制作。

3. 交流、分享。

各个合作小组将自己组的合作小组海报进行张贴交流，分享各个小组的名称、标志、口号等。并介绍为什么要这样设计。

4. 以小组为单位在自己组的海报前拍照留影。

活动分析

开展制作合作小组的海报活动，小组成员一起讨论合作小组的名称、口号并设计小组标志……这本身就是一个有趣的合作活动。活动需要幼儿共同参与讨论，共同确定商讨结果，最后分工合作完成海报的制作。与此同时，在海报上签名、在海报前拍照留影，幼儿强烈地感受到小组这个团体的概念。小组概念在他们的脑海中树立了起来，我相信，接下来的小组活动会牵动着孩子们的喜怒哀乐，他们的活动会因为小组而更加精彩。

另外，为了巩固小组意识，日常生活中我们经常采用小组的组织形式开展教学活动，如小组表演、小组调查、小组排队、小组比赛等。特别是开展小组间的竞赛活动，有效地强化了小组概念，增强了小组凝聚力。当孩子们总是以“我们组、我们组”的字眼表述活动情况，

当孩子们卖力地给自己小组成员加油，相互帮助时，我们感受到孩子们已逐步拥有了强烈的小组意识和小组概念。

活动四：合作游戏——运球

活动目标

1. 与同伴共同完成运球的任务，体验合作。
2. 感受合作中与同伴相互配合的重要性。

活动准备

若干个球。

活动过程

1. 教师讲解游戏的玩法及规则：幼儿分成若干队，坐成几个竖排，每队都有一只球。游戏开始，球从各个队排在第一位的幼儿开始经过队员的逐一传送，最后运送到队里最后一名幼儿的手中。然后该幼儿站起来跑到队伍的前面。将球传给第一位幼儿，与此同时，大家各向一旁的空位进行移位，并将球继续传送。最后，游戏以队伍回到最初的序列，球运送到最后一位幼儿的手中为结束，看一看，哪一队最快。游戏规则：如果球滚走，必须由该幼儿捡回来，再继续。

2. 请一部分幼儿分成两队进行示范。游戏结束后，大家说一说，哪一组球运得好，好在哪里？哪一组没有运好，问题在哪里？怎样才能把球运得又稳又快呢？

3. 幼儿进行游戏（每队以 5 ~ 7 人为宜），教师将每一次的比赛结果进行记录，统计最终的结果。每次游戏结束后，请幼儿谈一谈自己组的合作情况。

活动分析

开展多个合作游戏，一方面帮助幼儿进一步体验什么是合作，另一方面促使幼儿学习与同伴相互配合，学会合作。在游戏过程中，输赢的结果让幼儿真切地感受到合作中良好配合的重要性。我们没有说教，更多的是让幼儿通过亲身的体验，进而在体验中得到认识。因为是合作游戏，因此在游戏评价中，我们更多的是针对幼儿的合作情况。

活动五：合作游戏——《多变的绳子造型》

活动目标

1. 增进合作意识，学习与同伴共同完成任务。

2. 了解任务的完成必须通过小组成员的人人参与、共同合作。

活动准备

若干根绳子、若干幅由图形组成的图案。

活动过程

1. 小组合作：一根绳子的图形造型。

（1）教师出示一根绳子，提出任务和要求：将这根绳子拉出各种图形：三角形、正方形、五边形、六边形。要求每人只能用一只手来拉，拉出的图形必须是立着的，不能躺在桌上。

（2）个别幼儿单独进行尝试，发现一个人是完成不了的。

（3）小组幼儿合作尝试进行绳子造型。（图形由简到繁）教师观察各个组的合作情况。

（4）各个组绳子造型完毕后，相互交流、检查。说一说自己组的合作情况。

（5）教师总结：用绳子来造型，必须小组成员一起合作才能完成，一个人是不能完成任务的。

2. 小组合作：两根绳子的图案造型。

（1）教师出示两根绳子，提出任务和要求：利用这两根绳子进行图案造型：如三角形与正方形组成的房子图案、长方形和圆形组成的汽车图案、三角形和梯形组成的帆船图案等。教师出示相应的图案卡片，供幼儿模仿，同样，要求每人只能用一只手来造型。

（2）小组幼儿合作尝试进行绳子的图案造型。（可以一个组一种图案，自由选择）教师观察各个组的合作情况。

（3）各个组造型完毕后，大家相互交流检查。说一说自己组的合作情况：是如何合作的，小组成员各自的工作是什么？如果少了一个人，行不行？遇到矛盾是如何解决的……

（4）教师总结：合作的力量很大，合作中每一个成员都是非常重要的，少一个都不行。

合作需要所有人的共同努力。

活动分析

不论是拉图形还是拉图案，活动都使幼儿感受到合作的巨大力量，完成任务后，孩子们意识到：任务的完成必须通过小组成员的人人参与和共同合作，唯有大家一起合作才能完成任务。不知不觉中合作意识建立了起来。同时，孩子们还明确认识到：小组合作活动是“大家一起做同一件事”而不是“大家一起做一件同样的事”。因此，小组合作活动从作品数量上来说应该是一件作品，而不是许多件。

有了小组概念和合作意识，学会分工合作是合作活动有效展开的保障。那么幼儿是否具有分工的经验呢，他们能否在活动中主动分工，进行有效的合作呢，或者是否还有其他更好的合作方法呢？如果没有，我们该如何引导呢？带着这些问题，我们开展了第二次的合作搭多米诺骨牌活动。

活动六：荷叶上的晚餐

活动目标

1. 倾听故事内容，理解故事蕴含的道理，进一步理解合作的意义。

2. 结合实际，学习评价自己和他人的合作行为。

活动准备

故事图片。

活动过程

1. 欣赏故事，理解故事蕴含的道理。

（1）教师讲述故事，提问：妈妈把晚餐放在了哪里？她为什么要这样做？

（2）结合图片第二遍讲述故事。

提问：小猴子们的晚餐放在了池塘里的荷叶上，因为太远够不着，猴兄弟想到了一个什么办法？这个办法好吗？能够着荷叶了吗？可是为什么最终小猴子们还是没吃到晚餐？

（3）教师总结：猴兄弟虽然想到了合作的方法，但是他们心里只想着自己，想要一个人多吃点，没有想着别人，总是吵吵闹闹的，因此，他们的合作没有产生巨大的力量，最终没有拿到荷叶上的晚餐。

2. 联系实际，评价自己和同伴的合作行为。

（1）教师引导幼儿想一想：自己在合作活动中，有没有像小猴子那样心里只想着自己，没有考虑别人的情况。

（2）幼儿讲述自己的合作行为，也可以说一说同伴的合作行为。

（3）教师和幼儿总结：合作中哪些行为是不可取的，为什么？

活动七：合作搭多米诺骨牌（二）

活动目标

1. 积极参与合作活动，分享、交流合作方法，初步了解分工方法。

2. 学习分析问题，寻找原因，尝试解决问题。

活动准备

多米诺骨牌。

活动过程

1. 商讨搭建主题，小组合作搭建多米诺骨牌。

（1）教师提出任务：小组第二次合作搭建多米诺骨牌。

（2）小组商讨搭建内容，并进行合作搭建。教师着重观察各个组的合作方式，并详细地记录下来。

2. 参观搭建的作品，分享交流合作的方法。

（1）各个组介绍自己组搭建的作品。

（2）教师介绍自己观察到的各个组不同的合作方法。着重介绍分工，帮助幼儿了解分工。

活动分析

幼儿有了小组概念和合作意识后，在第二次的合作活动中，幼儿有了明显的进步。都积极地参与到搭建的活动中去，在商讨主题时意见很快地达成了一致。

在搭建的过程中，我们观察到，幼儿虽然有合作的意识，但是缺乏合作的经验和方法，他们不知道怎样来合作共同搭建一件作品。大部分幼儿没有分工的意识。但也有个别组呈现出初步的分工状态，但是是无意识的，缺乏分工的明确性，不能持久。在事后的交流活动中，我们引导失败组的幼儿寻找失败的原因。在我们进一步将观察到的分工方法分享给孩子们时，孩子们坚定了分工的想法，也明确了什么是分工。

我们发现如果让孩子在没有具体形象的任务面前，对任务进行分工，进行沟通、合作，这对幼儿来说是有一定困难的。于是，我们思考，是否尝试先将任务具体地展现出来（即把要搭的多米诺骨牌的图案用笔画在地上），然后孩子们面对看得见的任务进行分工，使所有的孩子都能积极投入活动。

活动八：合作搭多米诺骨牌（三）

活动目标

1. 学习用分工的方法合作搭建骨牌，能与同伴协商进行分工。

2. 较好完成自己的分工任务，与同伴完成合作，体验合作的成功感。

活动准备

分工记录图、粉笔、多米诺骨牌、纸笔。

活动过程

1. 商讨搭建主题，进行分工。

（1）小组商讨搭建主题，并进行分工，将商讨的结果在分工图上进行记录。

（2）各个小组交流自己组的分工情况，展示分工图。说一说大家是如何分工的，分别是哪些内容。分工时有否出现不同的意见，又是如何解决的。

2. 幼儿合作搭建多米诺骨牌。

（1）幼儿根据分工图进行分工合作。

（2）教师观察幼儿相互之间的沟通情况和解决问题的情况。

3. 分享交流。

（1）参观欣赏作品。幼儿分享自己组成功的秘诀。

（2）教师将各个组分享的成功秘诀以图文结合的形式进行记录，张贴在教室墙面上。

活动分析

从活动中可以看出，孩子们很快掌握了分

工方法，并且能较好地完成自己的任务，无所事事、无从入手的现象少了，组里的每一个成员都在为完成共同的任务而努力。

在活动中我们也发现，因为多米诺骨牌游戏的特点：一块倒其他的也会跟着倒的连锁反应，小组在完成任务中时常面临失败、重来、再失败、再重来、再失败……的情况。这是对孩子们耐心和毅力的极大挑战。孩子们会产生沮丧、失落、愤怒等情绪。特别是当小组成员有人疏忽，造成整个作品前功尽弃时，小组里出现了指责、争吵甚至打闹的情况。面对这样的现象，我们认识到只有充满爱的合作小组才能体现合作的真正意义，并且能真正获得合作的成功。

活动九：爱的合作小组

活动目标

了解什么是“爱的合作行为”，知道爱的合作行为就是合作中大家齐心协力、互相帮助、相互宽容。

活动准备

录像、情境图、“爱的合作小组”徽章。

活动过程

1. 续编故事《荷叶上的晚餐》，了解好的合作行为。

（1）教师启发幼儿续编故事，想一想：小猴子们想要吃到荷叶上晚餐，他们该怎样做？继续把故事编下去。

（2）幼儿续编故事，并讲述自己这样编的理由。

（3）教师总结幼儿续编故事的情况，对故事中一些良好的合作行为在黑板上以图文结合方式进行归类、整理。

2. 争做“爱的合作小组”。

（1）教师放一段有一些较好的合作行为的录像。幼儿讨论：录像中小朋友表现出了哪些好的合作行为。

（2）教师展示几张情景图（情景来自幼儿实际的合作活动中），引导幼儿讨论：情境中的你，会怎么做？

（3）教师对情景中相互帮助、谦让、宽容的行为给予表扬，告诉幼儿这些行为都是一种心里装着别人的爱的行为，鼓励幼儿在合作中表现出更多的爱的行为。

（4）教师出示一枚“爱的合作小组”徽章，鼓励各个小组在今后的合作活动中争得“爱的合作小组”荣耀。

活动分析

我们提出了“爱的合作小组”的倡议：好的合作小组不仅仅是大家一起完成了任务，它还应该是充满爱的、让所有人感觉到快乐的合作小组。小组成员之间是彼此信任、互相帮助和支持的一种融洽、友爱的亲密伙伴关系。

孩子们在先前的合作活动中都有许多的经历和体验，将生活中实实在在发生的事例展现在大家面前，通过讨论激发幼儿的共鸣。而“爱的合作小组”荣誉则促使幼儿产生更多的良好合作行为。

对骨牌的探究，我们引导幼儿先从熟悉骨牌的特征、特性开始，先搭建简单的线条，然后是几何图形、英文字母，最后是复杂的图案。另外，难点逐步增加，从无接点到有接点，从直线到曲线、旋转线、从无花样到有花样变化、从无色彩变化到有色彩变化等。

活动十：好玩的多米诺骨牌（一）

活动目标

1. 倾听骨牌玩具的由来故事，了解多米诺骨牌的特性和玩法。

2. 喜欢骨牌的连锁反应效果，产生玩的兴趣。

活动准备

故事《多米诺骨牌的由来》、多米诺骨牌作品图片、多米诺骨牌游戏的视频、课前幼儿有玩过骨牌的经验。

活动过程

1. 自由玩骨牌，了解骨牌特有的玩法。

（1）幼儿自由玩骨牌，玩后说一说自己是怎么玩骨牌的，玩骨牌时有什么发现等。

（2）教师出示骨牌图片和玩骨牌的视频，幼儿感受骨牌连锁反应的神奇效果。说一说，骨牌为什么能产生这样的效果？

2. 了解骨牌玩具的由来和特性。

（1）教师讲述故事《多米诺骨牌的由来》，幼儿了解骨牌玩具的由来。

3. 欣赏各种各样的骨牌。

幼儿欣赏各种各样的骨牌，了解骨牌有木头做的也有塑料做的，骨牌大小颜色也各不相同，有些骨牌玩具还有一些辅助材料。

活动分析

我们观察发现，一开始孩子们对骨牌玩法的探究停留在把它当作积木来玩，用它叠高楼、搭军舰等，只有小羽毛这一组，在分享讨论时说道："我把骨牌立起来搭，可是搭好了，老要倒，搭了倒，倒了搭。"抓住这一机会，我们介绍了骨牌立着玩的多米诺玩法，并展示多米诺骨牌作品的照片和视频，鼓励幼儿尝试，对此孩子们充满了兴趣。

活动十一：好玩的多米诺骨牌（二）

活动目标

1. 探究骨牌与骨牌之间距离的奥秘，知道骨牌之间的距离决定能否产生多米诺效应。

2. 探究骨牌的弧线搭法。

活动准备

多米诺骨牌。

活动过程

1. 搭多米诺骨牌，探究骨牌之间的距离，尝试产生多米诺效应。

（1）幼儿自由搭骨牌。

（2）说一说自己搭的骨牌有没有产生一块倒，其他的依次倒下的连锁反应。如果没有，是什么原因？教师引导幼儿发现骨牌间的距离。

（3）教师边演示边总结：骨牌与骨牌之间的距离决定了能否产生多米诺效应。

2. 探究骨牌的弧线搭法。

（1）教师在黑板上画出各种线条：斜线、弧线、波浪线、旋转线。

（2）幼儿选择其中的一种线条，尝试用骨牌搭出来。

（3）相互交流，参观。在搭的过程中，有否遇到什么问题，自己是如何来解决的。

（4）教师引发幼儿思考并讨论：搭弧线、波浪线、旋转线会有许多弧线的部分，这时应该怎样来搭？

（5）教师总结：在搭弧线、波浪线、旋转线时，需要用骨牌搭出弯弯的效果，这时需要相近的两块骨牌一侧的距离适当贴近，同时两块骨牌之间的距离也要相对比搭直线时的再近一些。

（6）幼儿继续自由搭骨牌，体验成功的快乐。

活动分析

通过观察、讨论分析，几番尝试后，孩子们

都明白了：骨牌不论是横着立还是竖着立，骨牌与骨牌之间不能挨得太近，也不能离得太远。

活动十二：好玩的多米诺骨牌（三）

活动目标

探究一个倒引发多方向倒的搭建技能，学习不断尝试，总结经验。

活动准备

多米诺骨牌、一些字母图片（有接点的字母，如 X、K、T 等）。

活动过程

1. 搭建字母，探究一个倒引发多个骨牌多方向倒的搭建技能。

（1）教师出示字母图片，引导幼儿观察字母，特别是字母接点的地方，引发幼儿思考：接点怎样来摆放骨牌？

（2）幼儿选择其中一个字母，尝试搭建。

（3）参观分享交流。说一说自己有否搭建成功，如果成功了，接点处是如何摆放骨牌的？幼儿讲述并演示。

（4）教师总结。

2. 继续搭建字母，体验成功。

3. 活动延伸：探索骨牌不倒的经验。

日常生活中，我们组织幼儿进行了交流，探索骨牌不倒的经验。

活动分析

随着图案的复杂，会出现从一个点分出许多条支线的情况，也就是说一块骨牌倒要引发多个方向的多块骨牌同时倒，那么这时如何来搭建呢？我们设计了让幼儿搭英文字母，来探索这一技法。A、X、Y、T、K 等字母，有许多分叉，孩子们经过多次尝试，在不断的失败中总结经验，寻找到了方法。

四、主题活动的启示

1. 教师要从本质理解什么是合作，使合作活动从形式走向本质，开展真正的合作活动。

在实际生活中，时常会有这样的情景：几个孩子一起做一件事情，不论是搭建活动还是绘画等其他形式的活动，孩子们你有你的想法，我有我的想法，你做这个，我做那个，各自做完后，大家合在一起，完成了一个作品。这时，教师往往容易将这样的活动就认为是合作活动，事实上，这种并不是真正的合作活动，它没有共同目标和任务，个人与个人之间行为没有内在的联系，因此称不上合作活动。而教师则要有清晰的判断，把握住合作的本质，才能真正引导幼儿开展合作活动，发展幼儿的合作能力。

2. 教师要引导幼儿尝试各种不同的任务分工，发挥潜力，获得多种经验。

在任务分工的过程中，我们要求每一个孩子都能积极主动地承担各种不同的任务。孩子们能力、个性都有所不同，能力强、个性外向的幼儿在活动中往往处于主导地位，他们喜欢担当搭建骨牌的工作，而能力相对弱、个性内向的孩子则时常处于辅助地位，担当输送骨牌的工作，这种发展不均衡的状态并不是合作活动所要追求的，合作活动的目的是希望每位幼儿都能在小组活动中，潜能得到发挥，获得全面的发展。因此，我们有意识地打破原有的局面，要求幼儿在分工时能经常变换角色，承担不同的任务，既能担当主导角色又能担当配合他人的角色，从而获得多方面的经验。

3. 教师要仔细倾听幼儿的语言，了解幼儿的合作水平，及时给予正确的指导和评价。

在合作活动中，教师要细致观察幼儿在小组合作活动中的语言和行为，敏锐地了解到幼儿的合作水平，进行相应的指导。当活动中幼儿对同伴说："这是我的……"当活动结束后小组代表站起来对老师说："我觉得……"这时教师就要意识到这样的表达、表现说明幼儿关注的仍然是自我，而不是小组整体。教师就

要给予一定的分析和帮助，引导幼儿从“我们小组……”、“我们觉得……”的团队、整体角度来思考，认识并感受到合作活动是一个整体的、团队的活动，而不是个人行为。

4. 教师要有效地利用合作小组中的同伴群体的压力，促使幼儿合作能力不断提高。

幼儿在班集体中，同伴群体对他的影响是很大的。幼儿天生的合群倾向，对参与群体活动有着十分强烈的愿望，为了能融入同伴群体，幼儿自觉主动地与群体行为保持一致。群体奉行多数成员认同的行为规则，一旦某个成员与其他成员行为不一致，他就会受到群体同伴的排斥，为了免于同伴压力，幼儿不得不与群体规则保持一致。而合作小组就如同一个同伴群体，因此，教师要充分利用同伴群体的力量促使幼儿合作行为的产生，利用同伴群体的力量解决合作中出现问题，如：建立群体规范，赞许少数服从多数的规则等。

5. 教师要将合作学习作为幼儿主动探究学习的过程，将认知、情感、技能的目标均衡达成。

在合作活动中，除了关注幼儿的合作能力外，增强幼儿责任感、主体意识、创造精神等都是非常重要的。教师要敏锐察觉活动发展的需要，与幼儿一起进行探究学习，及时发现合作中出现的各种问题，将问题作为发展幼儿的活动契机，促进幼儿全面发展。

欢乐打击乐

陈芳芳　华　珉

一、主题实施背景

在人的成长中，一个重要的课题就是：学会合作，学习与他人共享合作成果。

幼儿期是人生初级阶段，也是促进个体社会性发展的重要时期，而"合作"既体现幼儿社会性交往发展的水平，又是人生存最基本的条件。

针对我班幼儿的实际情况，这次的主题活动，我们从合奏打击乐展开，在合作游戏中加强幼儿的小组概念，最后再次回归小组合作创编打击乐。

在同伴合作的过程中，各种同伴争执不可避免，面对游戏输赢，大班幼儿也会产生一定的情绪反应，因此老师需要对幼儿的各种争执、负面情绪的产生有一定预设，并及时引导孩子换位思考，通过不断的合作游戏、打击乐练习进行磨合。最后，通过认知与行为螺旋上升模式进一步开展主题，总体提升幼儿的合作能力。

二、主题活动总目标

1. 在认识、熟悉图谱的基础上，学习操作常见打击乐器。

2. 在集体、小组等一起合作操练打击乐中感受乐器与音乐混合的效果。

3. 通过小组合作，加强幼儿的小组概念。

4. 在合作游戏中能关注、尊重同伴情绪和想法，能表现出关爱、帮助、谦让等亲社会行为。

三、主题活动过程

活动一：快乐小分队

活动目标

1. 小组成员合作设计代表自己小组的标志，并创设小组口号。

2. 认识小组合作活动是"大家一起做同一件事"，明白任务的完成必须通过小组成员的参与和共同合作，在活动中增强小组荣誉感。

活动过程

1. 建立小组。

（1）明确合作小组概念。

（2）讨论、建立小组。

幼儿自由讨论组合，教师帮助、指导，进行适当的调配，确定好 5 个合作小组（每组 5 人）。

2. 小组成员合作设计代表自己小组的标志。

3. 逐个展示小组设计的标志，由小组成员大声说出组名，介绍自己组的标志。

活动分析

在自由分组后，由于其中一组能力相对

弱些，我将其中一人与另一组内的成员进行了互换，这小小的调整就引来了两组人的不满，虽然最终问题得以解决，但相信这两组成员需要更多磨合。在之后的取队名环节中，孩子们都选取了一个非常有意思的队名，并赋予很好的意义：天使队——代表善良，诚实；七彩花队、爱心队——代表乐于助人；小兔队——代表活泼，可爱；喜羊羊队——代表聪明。

活动二：我们的记录表

活动目标

1. 各组经过商量，共同合作设计一个代表自己队的队标，并将它画下来，加强小组的概念。

2. 集体共同制作记录表，明确记录表的作用。

活动过程

1. 巩固分组。

（1）昨天我们已经分了小分队，你们还记得自己是哪个队的吗？

（2）巩固队与队名：天使队 、爱心队、小兔队、七彩花队、喜羊羊队。

2. 我们的记录表。

（1）集体制作记录表。

（2）设计、绘制队标。

3. 展示记录表。

（1）展示记录表，明确各自队的队名、队标、位子。

（2）巩固记录表的作用。

活动分析

天使队 、爱心队、小兔队、七彩花队、喜羊羊队，每个队通过一段时间的商量、绘画、修改后，都绘制出了自己队的队标。将队标贴在记录表上，并告知记录表的作用，孩子都流露出了期盼的神情，希望通过自己的努力，能让自己组的小苹果在记录格上一个个地多起来。

活动三：换位接力

活动目标

1. 在小组合作竞赛游戏的基础上，进一步理解合作的内涵。

2. 促进幼儿亲社会行为的发展。

活动过程

1. 引出今天的活动内容，游戏：换物接力。

2. 说明游戏规则：

以小组为单位，第一位小朋友手拿物品，一一向后传，传到最后一个幼儿手里时，最后一个幼儿立即起立跑到第一个位置，其他幼儿逐一向后移一个位置。

3. 小组为单位练习。

讨论：说明什么样的方法可以把这个游戏玩得又快又好？

4. 比赛：

（1）提出要求：老师说：“预备——开始”时，才能开始传物品。

（2）最先轮完的一组为第一名，以此类推。

进行比赛，宣布名次并分发苹果粘纸。

5. 交流成功的原因，在愉快的氛围中结束活动。

活动分析

通过比赛、讨论，几轮游戏后，一方面孩子们逐渐感受到游戏中由于大家互相提醒、帮助，取得胜利；另一方面孩子开始学习积极面对比赛的输赢。

在换位接力的游戏活动中，一方面已经较好地激发了幼儿对合作游戏的兴趣，一方面也让他们感受到合作的重要性，而我们需要在一次次的合作游戏中建立小组凝聚力，逐渐培养组员的合作默契。

活动四：拼标志

活动目标

1. 知道合作的重要性，加强合作的练习，学习合作的技巧。

2. 通过小组游戏增强幼儿的合作能力，增进幼儿集体荣誉感。

活动过程

1. 师幼谈话，引出活动。

2. 出示每组标志，请幼儿认一认。

3. 游戏：拼标志。

（1）逐步出示5组标志碎片，引导幼儿逐一观察。

（2）讲解游戏规则：每组合作拼一个非自己小组的标志，合作拼得最快的小组为胜。

（3）分组拼标志。

4. 总评比赛结果。

活动分析

在这次比赛活动中，孩子对第一名这一概念尤为在乎，即使只是稍微慢了点，得了第二名或第三名，他们都不高兴，因此几次比赛过后，我们都对幼儿对比赛结果所产生的情绪进行疏导，在第四环节中也进行了小结，在之后的活动中对幼儿正确的输赢观的树立仍需加强。

活动五：多变的绳子造型

活动目标

1. 能将一根绳子拉出老师要求的四边形、六边形或房子等图案。

2. 指导任务的完成必须依靠大家的共同努力与合作。

活动过程

1. 出示绳子，引发幼儿活动兴趣。

2. 讲解游戏规则：

请两位幼儿上来和教师合作用绳子拼图，教师边示范边讲解合作拼图中需注意的问题。（先确定图形的方向、找到图形的关键点，用手绷住绳子，将各个点固定等。）

3. 每组幼儿一条绳，进行合作比赛。

（1）每组幼儿根据教师画出的图形进行拉绳、造型，又快又好的小组获得胜利。

比赛进行2~3次。

（2）请每组幼儿想一样简单的东西进行创作。

4. 游戏结束，在记录表上记录结果，请幼儿自评合作情况，教师小结。

活动分析

活动结束后，我从中感到游戏并没有把每一个幼儿的积极性调动起来，孩子对游戏的兴趣不高，分析原因，我想一些简单图形不需要每个成员都参与，一些图形则在合作中出现技巧上的问题，如转折、定点松紧度等等，因此，我想这个游戏还需要再进行一次深入的活动，并将材料投入区角中给予技巧上的练习和提高。

活动六：加油干（一）

活动目标

1. 学唱歌曲，熟悉歌曲旋律与节奏，感受歌曲的风格。

2. 学看图谱，根据图谱徒手学打歌曲节奏。感受小组合作活动的乐趣。

活动过程

1. 熟悉、学唱歌曲。

（1）欣赏歌曲1~2遍，感受歌曲旋律与风格，体验欢快的劳动场面。

（2）学唱歌曲。

（3）学打图谱。

①出示图谱，学看图谱。

②在教师的带领下，学打图谱。

（4）练习巩固。

①分组练习打节奏谱。

②分组表演。

（5）讲评，贴苹果。

①评选合作最好的小组，并给其记录表上贴上苹果。

②讲讲他们为什么好，好在哪里。

活动分析

《加油干》这首曲子，节奏比较欢快、有劲，孩子们比较喜欢。乐曲也不难，对于大班年龄段的幼儿来说，掌握起来还是比较容易的。在学认图谱、学打图谱的过程中，虽然孩子们也是初次接触，但在鲜明的节奏带领下，学习过程还是比较积极、欢快的。

活动七：加油干（二）

活动目标

1. 了解各种打击乐的名称和演奏方法，尝试学打多种打击乐器，感受打击乐器的不同。

2. 学习看图谱演奏打击乐器，学习简单的轮奏、齐奏。感受小组合作和集体合作的乐趣。

活动过程

1. 复习歌曲与节奏。

（1）复习歌曲。

（2）根据图谱，边唱边打节奏。

2. 配乐器演奏。

（1）出示各种打击乐，介绍各种打击乐的名称及其演奏方法。

（2）配乐器练习，感受键盘乐与打击乐配合的独特美。

①每组一种乐器，集体看图谱练习。

②小组间交换乐器练习1~2次。

（3）简单练习轮奏、齐奏。

①每组一种乐器，根据图谱，练习轮奏。

②每组一种乐器，根据图谱，练习齐奏。

③根据图谱，综合练习轮奏、齐奏。

（4）讲评，贴苹果。

①评选合作最好的小组，并给其记录表上贴上苹果。

②讲讲他们为什么好，好在哪里。

③评选小组内合作最棒和合作有进步的成员。

④讲讲他们为什么好，好在哪里。

活动分析

在集体进行轮奏、齐奏的过程中，经过多次的协调与练习，孩子们逐渐地了解到一些简单的集体合作打击乐的要素，如注意力要集中，手眼协调，要根据集体的节奏来调整个人的节奏与速度等。明白各打各的是玩不好打击乐的。当孩子们听到比较整齐的演奏声时，感觉还是很欣喜、很自豪的。

在活动过程中，也出现个别孩子因为不整齐而埋怨别人、责怪别人的现象。需要进一步对其进行引导。

活动八：北京的金山上（一）

活动目标

1. 学唱歌曲，熟悉歌曲旋律与节奏，感受歌曲的风格。

2. 根据图谱，将歌曲与图谱结合起来打节奏，感受小组合作活动的乐趣。

活动过程

1. 熟悉、学唱歌曲。

（1）欣赏歌曲1~2遍感受歌曲旋律与风格。

（2）学唱歌曲。

（3）学打图谱。

①出示图谱，学看图谱，将图谱与歌曲一一对应起来。

②在教师的带领下，学打图谱几遍。

（4）练习巩固。

①分组练习。

②分组表演。

（5）讲评，贴苹果。

①评选合作得最好的小组，并给其记录表上贴上苹果。

②讲讲他们为什么好，好在哪里。

③评选小组内合作最棒和合作有进步的成员。

④讲讲他们为什么好，好在哪里。

活动分析

《北京的金山上》这首曲子比《加油干》要稍微难一点。乐曲变长了，节奏也变难了。但在多次的练习与巩固下，大多数孩子还是基本能掌握的。

在小组合作练习的过程中，埋怨别人、责怪别人的现象虽然有所好转，但由此而引发的矛盾与纠纷也还是不少，还是需进一步的引导：让幼儿明白一个小组是一个整体，当有个别组员做得不好时，不是去埋怨他、责怪他，而是应该去尽力地帮助他，只有这样，一个小组才能打出整齐划一的节奏来。

活动九：北京的金山上（二）

活动目标

1．用打击乐器演奏乐曲，复习轮奏、齐奏。并在此基础上根据图谱变化，演奏打击乐器，感受合奏的效果。

2．尝试改变图谱，进一步理解合奏的要素，并从活动中体验集体合作的乐趣。

活动过程

1．复习歌曲与节奏。

（1）复习歌曲。

（2）根据图谱，边唱边打节奏。

2．配乐器演奏。

（1）配乐器练习轮奏、齐奏，感受乐器与节奏配合的感觉。

①每组一种乐器，集体看图谱练习。

②小组间交换乐器练习 1~2 次。

（2）学看图谱，根据图谱演奏。

①每组一种乐器，根据图谱演奏，知道什么乐器在什么时候进行演奏。

②教师改变图谱，请幼儿根据新改变的图谱练习打击乐。

③请幼儿改变图谱，大家根据改变的图谱练习打击乐。

（3）讲评，贴苹果。

①评选合作最好的小组，并给其记录表上贴上苹果。

②讲讲他们为什么好，好在哪里。

③评选小组内合作最棒和合作有进步的成员。

④讲讲他们为什么好，好在哪里。

活动分析

活动难度有了一定的提升，不再是简单的轮奏或是齐奏了。孩子们需要在看清图谱安排的基础上，与小组内成员密切配合，与其他组合作才能完成整首打击乐。在相互协调上问题会更多一点，协调过程也会更长。

在之前几次活动时，每次都会有一定的时段进行评比。慢慢地，每个小组也积累一些奖励的小苹果。在此影响下，孩子们活动的积极性更高了，有过多次评比的经验，孩子们在讲评自己与别人时，也更有指向性了，知道怎样的行为是合作的行为，怎样的行为是在合作过程中受人欢迎的。但也有个别孩子在讲评时，对于合作行为认识模糊，同时在这些孩子的身上也会出现一些不会与人合作的现象。

活动十：娃哈哈（一）

活动目标

1．学唱歌曲，熟悉歌曲旋律与节奏，感受歌曲的风格。

2．根据图谱，将歌曲与图谱结合起来打节奏，感受音乐活动的乐趣。

活动过程

1. 熟悉、学唱歌曲。

（1）欣赏歌曲 1~2 遍，感受歌曲旋律与风格。

（2）学唱歌曲。

（3）学打图谱。

①出示图谱，学看图谱，将图谱与歌曲一一对应起来。

②在教师的带领下，看着图谱练习打击乐几遍。

（4）练习巩固。

①分组练习。

②分组表演。

（5）讲评，贴苹果。

①评选合作得最好的小组，并给其记录表上贴上苹果。

②讲讲他们为什么好，好在哪里。

③评选小组内合作最棒和合作有进步的成员。

④讲讲他们为什么好，好在哪里。

活动分析

这首乐曲不是很难，孩子们掌握起来还是比较容易的。有了之前经验的积累，孩子们熟练的过程更短一些。在讲评时也再一次强调怎样的行为是合作的行为，怎样的行为是在合作过程中受人欢迎的。引导孩子进一步往这个方向去调整自己的合作行为。

活动十一：娃哈哈（二）

活动目标

1. 尝试小组合作设计图谱，并在此基础上，分乐器合作演奏图谱。

2. 引导组员间要相互协商、分工合作，学会服从小组的安排，以小组合作成功为荣。

活动过程

1. 复习歌曲与节奏。

（1）复习歌曲。

（2）根据图谱，边唱边徒手打节奏。

2. 小组合作编谱、演奏练习。

（1）出示空白节奏谱，布置小组合作任务。

①每组一张节奏谱、一支铅笔，合作设计图谱，商量分配乐器。

②绘制图谱，并上色。

（2）小组合作练习。

①每组根据自己设计的图谱与分工，练习演奏打击乐，分组展示设计图谱，并表演。

（3）讲评，贴苹果。

①评选最佳图谱设计小组和最佳合作演奏小组，并给其记录表上贴上苹果。

②评选小组内合作最棒和合作有进步的成员。

③讲讲他们为什么好，好在哪里。

④归纳合作好的要素。

活动分析

在小组五个人自己商量图谱安排，自己商量乐器分工与配合的情况下，合作中的问题马上就凸显出来了。有人专注度、坚持性不够；有人因为没有达到自己的意愿与组员发生争吵，甚至负气而不参与；有人因个别组员不能很好地与他们配合，而埋怨、责怪他人，甚至有剥夺他继续参与资格的现象。

在讲评的时候做了一个小结，但仍然需要进一步加强练习小组成员间相互合作、协调的能力。

活动十二：采蘑菇的小姑娘（一）

活动目标

1. 学唱歌曲，熟悉歌曲旋律与节奏，感受歌曲的风格。

2. 根据图谱，将歌曲与图谱结合起来打节奏，感受打击乐的乐趣。

活动过程

1. 熟悉、学唱歌曲。

（1）欣赏歌曲1~2遍感受歌曲旋律与风格。

（2）学唱歌曲。

（3）学打图谱。

①出示图谱，学看图谱，将图谱与歌曲一一对应起来。

②在教师的带领下，学习看图谱打节奏。

③重复练习重点、难点。

（4）练习巩固。

①分组练习。

②分组表演。

（5）讲评，贴苹果。

①评选合作最好的小组，并给其记录表上贴上苹果。

②讲讲他们为什么好，好在哪里。

③评选小组内合作最棒和合作有进步的成员。

④讲讲他们为什么好，好在哪里。

活动分析

在分组练习打节奏的过程中，小组成员间合作的协调性有所提升。但也有个别小组的个别成员仍有一些不合作、不协调的现象重复出现。

评价时，孩子们基本能以怎样的行为是合作的行为这样一个标准来评价自己与组员。很多孩子也非常努力，想评上小组内合作最棒和合作有进步的成员。

活动十三：采蘑菇的小姑娘（二）

活动目标

1. 练习小组合作设计图谱，并在此基础上，分乐器合作演奏图谱。

2. 引导组员间要相互商量协调，学会谦让、关心帮助。并从中感受小组合作成功的成就感。

活动过程

1. 复习歌曲与节奏。

（1）复习歌曲。

（2）根据图谱，边唱边打节奏。

2. 小组合作编谱、演奏练习

（1）出示空白节奏谱，布置小组合作任务。

①每组一张节奏谱、一支铅笔，合作设计图谱，并商量乐器分工。

②绘制图谱，并上色。

（2）小组合作练习。

①每组根据自己设计的图谱与分工，练习演奏打击乐。

②分组展示设计图谱，并表演。

（3）讲评，贴苹果。

①评选最佳图谱设计小组和最佳合作演奏小组，并给其记录表上贴上苹果。

②评选小组内合作最棒和合作有进步的成员。

③讲讲他们为什么好，好在哪里。

④归纳合作好的要素。

活动分析

经过之前一系列的练习，孩子们逐渐了解怎样的行为是合作的行为，怎样的行为在合作过程中是受人欢迎的。慢慢地，孩子们也会这样来引导自己在合作中的一些行为。这次小组合作安排、设计图谱、乐器分工、配合等方面速度快了很多，纠纷也少了很多，氛围也较之前好了不少。但也有一些不大协调的行为，有待于在以后的日常生活和游戏活动中进一步矫正。

四、主题反思

这一主题从大班上学期期末开始一直延续到本学期，而小组合作的形式也成为我们班的主要活动形式。幼儿在相互合作的过程中通过积极行为的培养和内化，提高同伴合作能力，从而得到愉悦的交往体验。

在本主题中，我们主要抓住两条主线：

1. 音乐技能方面：

我们所选择的打击乐活动必须有一定的铺垫：对常见打击乐器的认识与理解，感受不同乐器发出的不同声效，学习掌握常见打击乐器的基本技巧。认识谱子，包括简谱、节奏谱和配器总谱。在后期幼儿合作自主配器的过程中还需要能用简笔画将自己的乐器表现出来。

为了引发幼儿对打击乐器的兴趣，我们在主题开始前期就在表演区进行了投放，在玩区角的过程中，很多幼儿都对此非常感兴趣，不断地去敲敲打打，时常来问老师："这是什么？这个乐器怎么玩？"区角活动中个别孩子引发兴趣后，我们再进行集体活动，既有幼儿之间的带动，又有教师的引导提高，更好更有效地让幼儿掌握乐器的基本演奏技巧，而这些铺垫内化为知识经验，让幼儿在之后的创编配器中能更好地进行运用。

2. 合作能力方面：

首先，我们的小组形成采用了教师分配与幼儿自由选择的方式，教师选择了 5 名能力较强的幼儿请他们与其他幼儿进行自由组合，要求有男有女。幼儿组合后，教师发现各组组员能力分配较均匀，因此基本无改动，从而形成了稳定的小组。并通过一些合作游戏加强幼儿组的概念。在日常活动中，也建立小组奖励机制，用一些竞争性活动促进共同感的建立。

其次，帮助幼儿发现、解决合作中出现的问题。不论是在小组建立初期，还是在此主题结束后其他主题的延续合作中，组员之间每天都有或大或小、或多或少的问题出现：不会协商分工，同伴之间争抢材料；遇到自己不喜欢的任务就不愿参与，预料到会输，就不愿坚持完成任务，甚至放弃任务；意见不统一时不能很好地解决，输了又要彼此抱怨等，针对这些问题，我们引导幼儿关注问题的起因，既为他们分析原因，认识过程中的错误，更与他们探讨，为他们明确合理的做法。当然，这些问题并不是一次就能解决的，而是在活动中不断出现，但每一次的重复出现，我们看到幼儿处理问题的能力都在增强。因此，我们可以说，我们的合作并不是仅停留在完成合作目标结果上的，更重视培养幼儿在合作过程中的积极的亲社会行为。

最后，我们将合作小组的活动形式一直延续，贯穿于我们整个学期的日常生活和各个主题活动中，我们发现，幼儿对自己的小组越来越有归属感和自豪感，吃饭、写字、看书、游戏，小组成员彼此鼓励，积极为自己的小组争取荣誉。

连环画屋

● 叶 婷（整理） 朱 瑶（整理） 蔡 燕

一、主题实施背景

连环画是我国传统的绘画艺术形式，也是我们儿时喜欢阅读的书籍之一，它用多幅画面连续叙述一个故事或事件的发展过程。以生动形象的画面和图文相结合的呈现方式深受大家喜爱。其实，绘本图书都是一幅幅精美的连环画。因此，我们选取了一个小故事，以它为媒介，开展主题活动。

在主题进行中，我们从欣赏不同风格的连环画作品了解连环画的要素，从画面的视觉冲击激发幼儿产生对连环画的喜爱，以及产生尝试临摹连环画的意愿。探索用小组合作的方式进行一起创作，用连环画呈现故事，激发幼儿美术活动的合作能力、创造力、想象力，提高绘画的技能技巧以及语言表达能力。

二、活动前准备及相关环境创设

1. 将故事《蚂蚁和西瓜》、《贪心的小绵羊》、《母鸡萝丝去散步》的连环画图片有序列地陈列、展示。

2. 在美工区，投放动物绘画步骤图供幼儿尝试临摹绘画。

3. 美工区陈列各种绘画使用的材料和工具，供孩子们操作。

三、主题活动总目标

1. 通过欣赏和临摹三组不同风格的连环画故事《蚂蚁和西瓜》、《贪心的小绵羊》、《母鸡萝丝去散步》，了解连环画的要素（序列和有故事情节），一个故事的绘画风格统一，一个故事里人物特征等。在发展绘画的技能的同时，感受画面美的能力。

2. 领会语言的魅力，将故事用绘画形式一一表达出来，创作连环画，使画面丰富并情节化。

3. 体验绘画乐趣，学习小组合作，共同克服困难，完成连环画屋艰巨的创作任务。

四、主题活动过程

活动一：欣赏连环画故事《蚂蚁和西瓜》

活动目标

通过欣赏故事《蚂蚁和西瓜》，初步了解故事与图片的关系，学讲故事。

活动准备

故事《蚂蚁和西瓜》、《蚂蚁和西瓜》的连环画图片。

活动过程

1. 教师完整讲述故事。

提问：故事中有谁？他们之间发生了什么事？

2. 教师出示图片，幼儿看图片听故事。

（1）教师边出示图片边讲故事。

（2）请幼儿给图片加编码。

（3）说说这么加编码的理由。

3. 再次讲述故事。

幼儿边看图片边学讲故事。

活动分析

此次活动难度不大，孩子们很快就编码成功，很有成就感和满足感。同时，孩子们对故事和画面的美产生了很大的兴趣。这样，也为下个活动奠定了基础。同时，我们还给孩子们布置了个任务：请幼儿回家后画一画《蚂蚁和西瓜》的连环画。

活动二：欣赏连环画故事《贪心的小绵羊》

活动目标

通过欣赏故事《贪心的小绵羊》，进一步了解故事与图片的关系，学讲故事。

活动准备

故事《贪心的小绵羊》、《贪心的小绵羊》的连环画图片。

活动过程

1. 完整讲述故事。

提问：故事中有谁？他们在哪里？莫莫绵羊有什么变化呢？发生了什么事？

2. 出示《贪心的小绵羊》图片。

根据幼儿的回答逐一呈现。

3. 听故事，给图片添编码。

（1）幼儿倾听故事。

（2）请幼儿给图片加编码。

4. 完整讲述故事。

活动分析

故事的有趣内容打动了孩子们，滑稽的动物形象也相当有趣，孩子们很爱听这个故事。虽然，此次编页码上加大了难度，但大多数的孩子还是能准确地完成故事与图片的匹配任务。少数孩子在再次倾听后，也成功了。孩子们逻辑思维能力在提高。我们也给孩子们布置了个任务：请幼儿回家后画一画《贪心的小绵羊》的连环画。

活动三：欣赏连环画故事《母鸡萝丝去散步》

活动目标

通过欣赏故事《母鸡萝丝去散步》，理解故事与图片的关系，学讲故事。

活动准备

故事《母鸡萝丝去散步》、《母鸡萝丝去散步》的连环画图片。

活动过程

1. 出示图片，请幼儿观察。

图片上有谁？他们在哪些地方？猜猜会发生什么事？

2. 完整倾听故事，给图片加编码。

3. 增加难度，按编号排顺序。

能按照①——⑥页的顺序排列

4. 集体完整讲述故事。

活动分析

有了前两次经验的积累后，孩子们非常快就找对了。我们发现，他们对故事情节与画面内容的理解更深刻了。我们还给孩子们布置了个任务：请幼儿回家后画一画《母鸡萝丝去散步》连环画。

活动四：识别画风

活动目标

1. 通过对前三组故事画面的分析，了解线条与色彩、色彩、线条这三种不同绘画风格。

2. 能根据不同的绘画风格，来给图片分类。

3. 通过对三种绘画风格的认识，进一步欣赏故事画面的视觉美。

活动准备

《蚂蚁和西瓜》图片、《贪心的小绵羊》图片、《母鸡萝丝去散步》图片。

活动过程

1. 回忆三个故事，对故事分类并添上页码。

（1）幼儿在黑板上分别呈现三组故事的图片。

（2）分别按顺序给三个故事添上页码。

2. 识别画风的方法。

（1）你是用什么办法既快又准确地找到顺序的？

（2）《蚂蚁和西瓜》用什么来画的？

《贪心的小绵羊》是用什么来画的？

《母鸡萝丝去散步》主要用什么来画？

3. 确定风格，定名称。

（1）请幼儿分别给三个故事的图片取名字。

（2）总结：《蚂蚁和西瓜》（色彩和线条），《贪心的小绵羊》（色彩），《母鸡萝丝去散步》（线条）。

活动分析

孩子们比较缺乏类似的经验，因此，孩子们在活动后获得了新知识。对三组故事画风的了解也是为后续的绘画做了铺垫。

活动五：尝试绘画

活动目标

自主选择喜欢的故事图片，体验临摹，体验绘画的乐趣。

活动准备

三组故事的连环画图片。

活动过程

1. 回忆、巩固三组故事风格。

（1）幼儿根据老师提示猜测故事。

①有个故事，有好多线条，有螺旋线、弧线、直线和各种点，是哪个故事？

②鲜艳的颜色和流畅的线条，是哪个故事？

③还有一个是漂亮的颜色，是哪个故事？

2. 具体的绘画技巧。

《蚂蚁和西瓜》、《贪心的小绵羊》、《母鸡萝丝去散步》分别是怎么画出来？

3. 自主选择自己喜欢的一张图临摹。

（1）说说自己喜欢的故事的其中一页并说说喜欢的理由。

（2）分组提供材料绘画。

活动分析

这是孩子们第一次尝试绘画，第一次把画在白纸上呈现，孩子们基本上能表现出画面的整体形状，但对于大小的布局还是欠缺的，在白纸上呈现的是大小不合理的画面效果。但孩子们非常专注地观察和临摹，针对这一现象，我们在下午的活动中重点学习了绘画的基本技巧。

活动六：创作连环画《小刺猬送草莓》（一）

活动目标

1. 通过故事《小刺猬送草莓》，了解故事内容，尝试创作6幅连环画。

2. 通过创作，知道了连环画的概念。

活动准备

故事《小刺猬送草莓》、每位幼儿一张白纸和笔。

活动过程

1. 师幼共同复习已学的故事《小刺猬送草莓》。

2. 引导幼儿观察动态刺猬和草莓的绘画方法。

3. 引出连环画概念，幼儿作画。

活动分析

这是孩子们第一次真正通过故事创作连环画，没有老师任何的引导和指导。六幅画中前两幅基本上都能将画面内容与故事情节结合，虽然在构图、动物特征上还存在一些问题，但孩子们的表现依然很棒。

活动七：创作连环画《小刺猬送草莓》（二）

活动目标

1. 在前次创作的基础上，进行段落分析，掌握故事中动物的特征。

2. 能大胆地作画，培养幼儿的想象力和创造力。

活动准备

故事《小刺猬送草莓》、每位幼儿一张白纸和笔。

活动过程

1. 出示分段落文字，分析动物的特征，初步掌握画法。

在第一段中，有哪个动物？说说它的特征，后面几段，以此类推，采用同样的提问法。

2. 幼儿操作，教师指导。

活动分析

经过老师引导后，孩子们对故事的连环图片安排得更加合理了，表现的动物样子更准确，创作的积极性更高了。

活动八：创作连环画《小刺猬送草莓》（三）

活动目标

1. 对幼儿作品的分析，提升幼儿掌握画面构图、动物特征的能力。

2. 能大胆地作画，享受作画的过程，喜欢创作的乐趣。

活动准备

每位幼儿一张白纸和笔。

活动过程

1. 引导幼儿观察画面，学会分析。

（1）观察同一幅画面，说说画面好的原因。

（2）通过评价，了解画面中故事内容、构图前后、位置、大小的关系。

2. 幼儿操作，教师指导。

活动分析

第三次的创作更严谨，伴随一次次的创作过程，孩子们能力不断进步，画面感也越来越强，孩子们自信十足，画面效果也越来越好。

活动九：创作连环画《小刺猬送草莓》（四）

活动目标

1. 在了解画面结构基础上，丰富画面。

2. 喜欢创作，培养幼儿对画面的不同表现力。

活动准备

每位幼儿一张白纸和笔。

活动过程

1. 引导幼儿观察画面，学会丰富画面内容。

（1）观察同一幅画面，说说需增减的内容。

（2）能用不同的形式表现画面。

2. 幼儿操作，教师指导。

活动分析

教师选择了部分幼儿的作品来引导孩子用不同的表现形式来表达故事。拓展幼儿的思维，激发幼儿想象，使画面更形象更生动。

这一次，孩子们的连环画从构图和表现形式以及画面的饱满度上，都有很大的突破。在教师的引导下，幼儿充分发挥想象力和绘画技能，完成对故事《小刺猬送草莓》的创作。

活动十：我的连环画《小刺猬送草莓》

活动目标

通过自主操作，进一步加强幼儿的绘画能力和技能技巧。

活动准备

幼儿的《小刺猬送草莓》连环画、每位幼儿一张 A4 白纸和笔。

活动过程

1. 布置任务。

在自己的《小刺猬送草莓》连环画中，选择最喜欢的一页画到 A4 的白纸上。

2. 引导幼儿绘画技巧。

能先画画面中主要的内容，突出主要内容，后画背景（次要）内容，并注意画面的大小、位置。

3. 幼儿操作，教师指导。

4. 选择喜欢的风格上色。

活动分析

个别幼儿还是存在画面上各物体一样大的现象，因此，我们在当日下午对孩子们作品进行了自我评价和他人评价，了解构图不合理的后果以及下笔之前可行的方法。评价作品是为了帮助幼儿分析画面与纸张大小的关系。

活动十一：制作图表

活动目标

1. 小组合作讨论用不同的表现形式制作图表。

2. 在小组合作中学会协商，提高幼儿合作能力。

活动准备

每组一张大纸和记号笔。

活动过程

1. 布置任务。

（1）教师确定幼儿分组名单。

（2）讨论如何记录任务表（如何用标志

确定故事名称和分工结果）。

根据幼儿回答，教师做记录。

（3）请幼儿用不同方法记录任务表。

2. 幼儿操作。

要求用最快的速度记录清楚。

3. 展示记录成果。

活动分析

孩子们都很爱动脑筋，各组记录的方法都不一样。在小组合作中，我们也发现有些孩子和同伴之间会发生很大的矛盾，如何与同伴协商也很重要了。

活动十二：为作画准备

活动目标

通过任务细化，认领连环画板，为连环画屋的绘画做准备。

活动准备

连环画板的编号。

活动过程

1. 布置任务。

（1）明确任务，作品画在连环画屋。

（2）说说自己在绘画中的困难，共同探讨解决办法。

2. 认领连环画板的编号，记住自己的编号。

活动分析

基本上，孩子们在绘画中没有出现很大的问题，在认领自己的板后，很兴奋、很开心，对自己即将在连环画屋上画画充满期待。

活动十三：我们的连环画屋

活动目标

1. 幼儿能运用绘画本领，体验成功的喜悦。
2. 培养幼儿绘画过程中坚持不懈的精神。

活动准备

铅笔、橡皮和连环画板。

活动过程

1. 作品轮廓。

（1）幼儿用铅笔、橡皮在板上认真、仔细地打轮廓。

（2）能注意在板上的构图。

2. 作品风格。

（1）能根据上色步骤，利用绘画工具给作品上色。

（2）能细致、安静地完成作品。

活动分析

绘画过程持续了很长一段时间，孩子们也都在不断地修改中获得一次次成功的喜悦，当一块块的木板搭建成四幢连环画屋时，孩子们欢呼起来。

活动十四：连环画屋故事

活动目标

1. 能互相配合完整地讲述连环画屋 4 个故事，培养幼儿的语言表达能力和合作能力。
2. 培养幼儿倾听的习惯。

活动准备

4 幢连环画屋。

活动过程

1. 集体复习 4 个故事。
2. 个别讲述故事。

能依照连环画屋讲故事。

活动分析

因为有之前的讲故事经验，孩子们对故事的表述非常到位，还会互相提醒，互相配合，为全园联动展示提供了良好的开端。

活动十五：全园联动

活动目标

1. 能大胆清楚地向客人介绍活动，激发幼儿参与表现的欲望，为全园联动展示做准备。
2. 称职地做好自己承担的工作，培养幼儿责任心。

活动过程

1. 确定全园联动展示的安排。

（1）商量讨论全园联动的工作人员及人数，讲解员、小画家、小主人、迎宾员。

（2）自主选择自己喜欢的工作。

2. 做一个称职的工作人员。

3. 全园联动展示。

活动分析

展示活动是孩子们锻炼自我的机会，既锻炼了孩子们的责任心又增强了集体意识和班级荣誉感。

五、主题反思

1. 教师搭建的合作平台很重要。

通过这个主题，我们体会到，孩子的力量和潜力很大，关键在于老师的如何搭建合作平台。孩子们通过组合小组，同伴互相协商、妥协、包容、齐心协力，通过一次次的同伴争执、配合，终于为了共同的目标，一起努力，并产生了很强的自豪感。

2. 促进了孩子们的想象力、创造力和语言能力的发展。

从故事到连环画，再从自编故事到自创连环画，整个过程孩子们在学习、巩固和提升，在大胆想象、创造和表达。

3. 提高了绘画技巧，激发了孩子们绘画的热情。

非常明显，此次活动后孩子们对绘画的热情明显增加，无论是男孩女孩。家长也反映自己的孩子比以前更喜欢画画了，特别是绘画能力较弱的孩子也喜欢积极参与，这样的结果正是我们所期望的。自从主题活动开展以来，每天在美工区的孩子增加不少。幼儿的主动性、积极性明显提高。

4. 不同孩子不同对待。

在主题活动开展过程中，我们也发现了个别孩子因为本身技能欠缺又面对不断修改才能完成作品时，缺乏一定的自信和恒心。这样的孩子需要我们更多的帮助，给予相对简单的临摹作品，使其有信心。

创编故事书

徐青芳

一、主题实施背景

大班后期的幼儿对周围世界有着积极的求知探索精神，他们爱学、爱问、有极强的求知欲望，渴望得到科学的答案。随着他们识字量的增多，阅读的兴趣也显著提高，对图书很感兴趣。他们总是会拿着书过来问："这是什么啊？""为什么封面上的图画会和里面的这页一样啊？""这本书叫什么名字啊？"……他们的问题源源不断地涌来。为了让好奇的孩子们了解一些正确的关于故事书方面的知识，我们决定用创编故事书这样一个内容作为突破口来开展主题。

到了大班，我们明显感觉到他们的合作意识逐渐增强，而"合作"对于幼儿个体全面和谐的发展十分必要。因此，为了进一步提升幼儿的合作能力，我们经过不断地思考、讨论与策划，决定以合作的形式开展主题活动。

二、活动前准备及相关环境创设

1. 活动前准备

美工区各种动物形象的模仿画，为创作绘本做好绘画技巧的铺垫。

2. 相关环境创设

（1）班级区角设置。

主题区：展示孩子们的绘本创作，进一步熟悉、理解故事内容。

语言区：提供各种绘本读物，发展幼儿的观察能力和语言表达能力。

美工区：绘本片段设计和完整绘本的设计，激励幼儿大胆绘画、提高想象力和同伴合作绘画的能力。

角色区：提供头饰、大树等角色表演道具，供幼儿合作游戏使用。

安静区：提供靠垫等柔性材料，促进幼儿的自主交往。

（2）教室周围墙饰的增添和丰富。

（3）主题墙的布置。

（4）家园合作。

①建议家长与孩子一起阅读绘本，引导孩子注意观察绘本的封面，通过观察封面去猜测故事内容，了解故事前后页的连续性；同时增进亲子之间的感情。

②建议家长和孩子一起将熟悉的故事创编成绘本。

三、主题活动总目标

1. 在理解故事内容的基础上，尝试将故事分成 N 个片段，注重故事情节的连续性。

2. 知道绘本的基本结构，学习绘画技巧，能用绘画的形式表达故事内容，完成绘本创作。

3. 学习小组合作，能在创编的活动中提高友好沟通、协商确定分工内容的能力，能在相互合作的过程中关注、尊重同伴情绪和想法，发展关爱、帮助、谦让、宽容、分享等亲社会行为。

四、主题活动过程

活动一：故事《会滚的汽车》（一）

活动目标

1. 理解故事内容，学讲故事中的对话。

2. 尝试根据故事情节将故事分成几个画面片段。

活动准备

故事《会滚的汽车》。

活动过程

1. 引入活动。

提问：平时，你看到过什么车？有没有见过会滚的汽车？

2. 引出故事题目，完整讲述故事第一遍。

根据故事内容提问：

（1）会滚的汽车到底是什么？

（2）哪些小动物上了大木桶？

3. 完整讲述故事第二遍，根据故事内容提问。

（1）狐狸肚子真的饿了吗？为什么？

（2）小动物上车的顺序是怎么样的？他们与大木桶是怎么说的？（学说对话）

4. 教师与幼儿一起完整讲述故事第三遍。

5. 请幼儿回忆故事的某一个情节（画面），教师将幼儿讲述的画面逐一记录在纸上。

6. 整理故事情节。

根据故事情节的发展，教师与幼儿一起整理幼儿讲述的画面。

活动分析

通过此活动，幼儿理解了故事内容，学说故事中的对话。在一问一答的模式中，幼儿熟悉、理解了整个故事的发展过程。在了解故事的基础上，幼儿在教师的引导下初步将整个故事的情节分成了 14 个画面片段。

通过进一步熟悉14个画面片段，为接下来的创编故事书打好基础。

活动二：绘本阅读《会滚的汽车》（二）

活动目标

1. 进一步理解故事内容，能简单复述故事。
2. 能将故事的情节发展在教师的引导下分成两大部分。

活动准备

故事《会滚的汽车》，纸（A3大小）、水彩笔。

活动过程

1. 引导幼儿回忆故事，引出活动。

（1）故事的题目叫什么？

（2）故事里有哪些小动物？出场的顺序是怎样的？

（3）请你来讲讲故事的情节。

（4）个别幼儿复述故事。

2. 出示故事中动物角色图片，引导幼儿再次回忆故事，熟悉故事内容。

（1）请问这张图片上有谁？它出来的时候和大木桶说了什么话？

（2）在小鸡后面出来的是谁？（出示小鸭图片）它又说了什么话？

（3）接着出来的是谁？（出示小鹅图片）它是怎么说的？我们一起来学一学。

（4）后来，出现了谁？（出示狐狸）图片，它想干什么？

（5）最后故事的结果是怎样的？

3. 引导幼儿将故事按情节发展大致分成两大段，为创作做准备。

（1）如果我们要把这个故事用图画的形式编成一本故事书，首先应该给这个故事干什么？（分分段）

（2）如果你按故事情节给这个故事分成两大部分，你会怎么分？为什么？

4. 布置明天的任务：在两大段的基础上，再来继续细分一下具体的故事。

活动分析

在创编前，要让幼儿充分熟悉故事内容、故事情节和故事中的动物形象。所以在本活动中，主要是让幼儿在原有基础上，进一步理解故事内容，能简单地复述故事。能将故事按情节发展大致分为两大段，为后面的分页创编故事书做好准备。

活动三：绘本阅读《会滚的汽车》（三）

活动目标

1. 在熟悉、理解故事的基础上，明确故事分成前后两部分内容。
2. 根据故事两部分内容，细分各部分的段落画面。
3. 知道创编故事书的几个注意点。

活动准备

1. 教师熟悉、理解故事内容，先将故事内容大致细分好。
2. 将故事第一部分细分好的片段画面用简笔画的形式呈现出来。
3. 黑板一块、吸铁石若干。

活动过程

1. 明确任务。

今天我们要把故事分成很多个片段，只有分好了才能创编故事书。

2. 细分故事内容。

（1）回忆昨天将故事书分成了哪两部分。

（2）教师朗诵故事第一部分内容，引导幼儿细分片段，知道画面上应有的内容。教师将幼儿细分后的片段画面用简笔画的形式呈现出来，帮助幼儿更好地理解。

（3）教师朗诵故事第二部分内容，引导幼儿细分片段，知道画面上应有的内容。教师将

幼儿细分后的片段画面用简笔画的形式呈现出来，帮助幼儿更好地理解。

3. 观察简笔画面，知道创编故事书的几个注意点。

（1）故事书应在画面的右下角按内容顺序标上页码。

（2）画面要在规定的范围内。

（3）在画面的下方应留出一定的距离，写故事内容。

4. 结束活动。

看着每一个细分好的片段内容，完整讲述故事一遍。

活动分析

今天的活动开展得较为顺利，孩子们在活动中思路非常清晰，顺利地给故事两部分内容细分好了片段。根据教师的每一个故事片段简笔画，幼儿能够完整地复述故事内容。在细分故事片段的过程中，我引导孩子们知道创编故事书还需要注意的一些地方，孩子们也都能够很好地理解，这为接下去创编故事书打下一定的基础。

活动四：我来画一画

活动目标

1. 学画故事中主要角色。能够表现故事主要角色的特征和动态。

2. 体验绘画的乐趣。

活动准备

小鸡、小鸭、小鹅、狐狸等故事中动物的各种动态形象图片。

活动过程

1. 交代任务，引出活动。

2. 出示小鸡、小鸭、小鹅、狐狸等故事中动物的各种动态形象图片，引导幼儿学画各种动态的形象。

（1）出示小鸡的各种动态图片，引导幼儿观察它们不同动态时的变化，引导幼儿关注细节的处理。

（2）这些都是什么小动物？它们有什么区别？

（3）重点引导幼儿欣赏狐狸图片，帮助幼儿加强对狐狸的认识和了解。

3. 学一学、画一画。

（1）幼儿自由选择喜欢的各种动物形象。

（2）教师巡回指导，帮助有困难的幼儿。

（3）提醒幼儿把每个动物形象都学一学、画一画，为后面的创编故事书做准备。

4. 展示、交流作品。

活动分析

在创编前，孩子们应该具备熟练绘画故事中各种动物形象及不同动态的技能，这样才能在创编时较好地表现故事人物和情节。所以在创编前学习绘画故事中主角就显得非常重要，只有经过不断练习，才能提高绘画的技能技巧，才能更好地过渡到创编故事书的环节中去。

活动五：创作故事片段

活动目标

1. 在熟悉故事的基础上，能够根据故事的某一情节学画故事某一片段。

2. 体验集体创作绘本的乐趣。

活动准备

故事《会滚的汽车》、前一活动记录的故事情节、白纸、水彩笔若干。

活动过程

1. 回忆前一个活动幼儿分析的故事情节。

幼儿回忆出一个故事情节，教师出示一幅故事情节的记录图。

2. 明确任务。

根据自己的能力、兴趣，自由选择想要绘画的故事情节图。

3. 幼儿自由绘画创作，教师巡回指导。

（1）幼儿逐个讲述自己选择的画面、说说打算怎么画。教师可提供参考和帮助，以避免出现很多重复的画面。

（2）幼儿领取水彩笔和作画纸，开始作画，教师巡回指导。

4. 评价。

幼儿将自己的绘画作品展示在黑板上，相互交流评价。评价内容主要包括：故事中的形象要突出、能画出基本情节、把握形象的主要特征等。

活动分析

这是幼儿第一次创编故事的某一片段画面，由于之前对各种动物形象进行过绘画技巧的练习，因此，从创编出的动物形象效果的角度来看，还是很不错的。但是如果要将其编成故事书，那就存在许多的问题。如动物的形象有各种各样的，颜色也百变不一，页码的大小、颜色、位置以及所用的符号也都五花八门。这就迫使我们开展一个讨论活动，让孩子们明确创编故事书应该注意的事项。

活动六：可以这样创编吗

活动目标

1. 集体讨论幼儿创作的片段作品的优缺点，并提出合理的调整、改进意见。

2. 明确任务：小组要一起合作创编故事书《会滚的汽车》。

活动准备

1. 黑板一块、吸铁石若干、记录纸一张、记录笔一支。

2. 大木桶、小鸡、小鸭、小鹅、狐狸等动物形象各一张。

3. 故事书《渔夫和金鱼》一本以及每个幼儿创作的片段画面。

活动过程

1. 出示故事书《渔夫和金鱼》。

幼儿仔细观察故事书，说说创编故事书要注意的地方，教师在黑板上记录。

2. 明确任务：小组要一起合作创编故事书——《会滚的汽车》。

（1）集体分析讨论：幼儿创作的片段作品可否加起来成为一本故事书，为何不可以，怎么改正？

（2）明确任务：小组一起合作创编故事书——《会滚的汽车》。

3. 幼儿尝试合作讨论如何分工，将分工的结果用绘画的形式记录下来。

（1）提出要求：小组成员通过友好地沟通和交流，来合作分配任务。

（2）将讨论的结果用绘画的形式记录下来。

（3）分发纸笔（每组一张纸、一盒水彩

笔），幼儿开始讨论，教师巡回指导。

4．小组分享活动。

相互评价每一组的讨论结果，知道如何改进。

活动分析

活动中，大家仔细观察绘本《渔夫和金鱼》后，认识到上一次大家各自创作的片段画面是不可以合成为一本故事书的，还存在许多的问题。在进一步明确创编故事书要注意的地方后，周懿和赵简两位小朋友又不约而同地提出了相同的观点，即：同一个形象由同一个小朋友来画，那前后就都一样了。这个想法得到了大家的认可，都觉得这样会避免出现许多问题。在接下来尝试讨论分工记录的活动中，我观察到，孩子们的确是通过友好地沟通和交流才讨论出结果的，但是分工还不是很明确，一些细小的环节还没能考虑周到。活动顺利地进行到最后，孩子们初次用绘画的形式将讨论的结果记录在纸上，为下一次小组成员更明确自己的分工、进行创编做好了铺垫。

活动七：我们来分工

活动目标

1．了解封面、封底、内页、扉页等图片的基本结构。

2．小组合作讨论分工内容，记录分工结果。提升相互沟通、分配任务等合作能力，促进亲社会行为的发展。

活动准备

1．小鸡、小鸭、小鹅、狐狸等故事中动物的各种动态、形象的图片。

2．完整的故事绘本范例。

3．卡纸每组一张，用作记录。

活动过程

1．出示完整的故事绘本范例，引导幼儿认识和了解绘本结构。

（1）这是一本完整的故事书，请你们仔细观察，它由哪些部分组成？

（2）引导幼儿认识和了解绘本的基本结构由封面、封底、内页、扉页等组成。

2．出示卡纸，交代任务。

（1）每个小组先讨论出组的名称。

（2）小组合作讨论分工内容。

（3）用图画的形式在大卡纸上做记录。

3．小组合作，讨论分工。

（1）引导每个幼儿都参与小组的讨论。

（2）引导幼儿小组分工时要考虑到每个人的特长和特点，合理分工。

（3）用绘画方式进行记录。

（4）教师巡回指导。

4．集体分享记录表。

活动分析

这是孩子们第一次以小组合作的形式来创编故事书，所以创编前的小组分工合作就显得尤为重要。

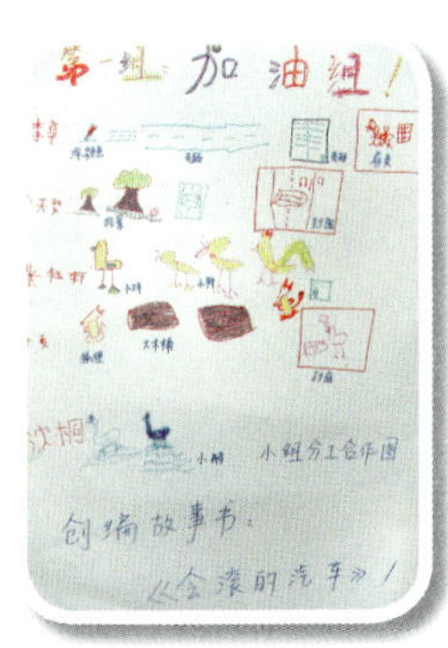

在活动中，每组合作情况都很不错，每个成员都能根据自己的特长和爱好，合理地进行任务分工。

活动八：创编故事书《会滚的汽汽车》（一）

活动目标

1. 小组根据讨论结果，创编故事书《会滚的汽车》，提升幼儿的绘画技巧。

2. 提高小组成员分工、合作的能力，促进幼儿亲社会行为的发展。

活动准备

1. 黑板一块、吸铁石若干、创编白纸 65 张、水彩笔若干盒。

2. 故事内容 5 份，教师自制《会滚的汽车》故事情节图一份。

活动过程

1. 回忆幼儿分析出的故事情节。

（1）明确任务：小组要一起合作创编故事书——《会滚的汽车》。

（2）回忆故事情节一遍（配合故事情节图）。

2. 小组合作创编故事书内页，教师巡回指导。

（1）提出创编要求：

①每一页的页码要标在同一个位置，用同样的颜色、同样的符号。

②每一个画面中的形象要保持前后一致。

③在不同的地点，每一幅画面的背景可以有所不同。

④小组合作创编前，要经过友好的协商决定画什么情节的内容，不能自己想画什么就画什么。

3. 评价小组成果，将幼儿的作品装订成册。

4. 结束活动，引出下节课的内容。

活动分析

今天的内容对幼儿来说量非常的大，活动前后加起来将近持续了 3 个小时。课后我意识到：这个活动完全可以根据故事的两部分内容分成两个活动来上：第一次可以合作绘制故事的第一部分，第二次可以合作绘制故事内容的第二部分。活动虽然持续了许久，但是幼儿参与活动的积极性仍然较高，他们能一直友好地和同伴们商量活动中遇到的问题。

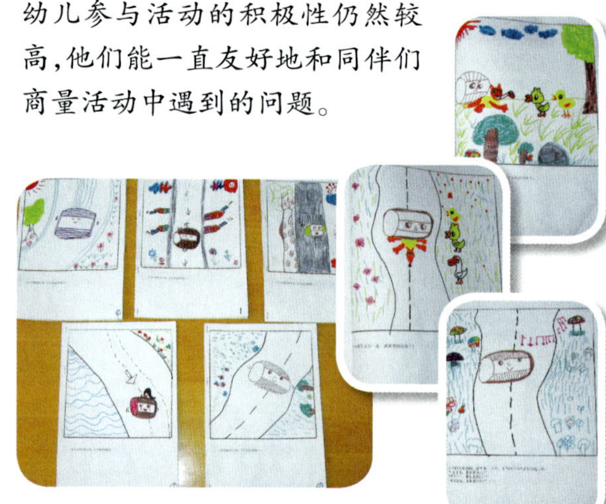

活动九：创编故事书《会滚的汽汽车》（二）

活动目标

1. 小组进一步完善故事书内容的创编。

2. 学习抓住故事的主要情节、形象，给故事书设计封面、书名、扉页、封底及出版社。

活动准备

1. 各小组未完成的故事书。

2. 用作封面、封底、扉页的卡纸每组若干张。

活动过程

1. 集体分享小组创编的故事书，引出活动。

（1）教师边念故事，边把画面呈现给全体幼儿观看。

（2）你觉得这个小组创编得好不好？好在哪里？你们小组需要补充和完善的是哪些方面？

2. 复习完整的绘本的基本结构。

（1）如果要成为一本完整的故事书，还少哪些部分？

（2）出示绘本范例，知道绘本的完整结构：封面、封底、扉页、内页、书名、页码、作者、出版社等。

（3）各小组选择喜欢的卡纸和色纸颜色，进行设计。

3. 小组继续合作创编故事书。

（1）小组继续补充和进一步完善故事书内容的创编。

（2）学习抓住故事的主要情节、形象，给故事设计封面、书名、扉页、封底及出版社。

（3）小组自由创编，教师巡回指导。

4. 装订小组创编的故事书，集体分享，感受创作的乐趣和成功的喜悦。

5. 交代任务：评比最佳封面奖、最佳色彩奖、最佳创作奖、最佳合作奖等奖项。

活动分析

经过昨天的创编活动，各小组都已初步完成了对故事内容的创编，就差故事的封面、封底、扉页了。今天的主要任务就是继续小组合作，设计故事的封面、封底和扉页，完整地完成一本故事书的创编。

五、主题反思

在主题活动《创编故事书》中，我们让孩子们在反复理解故事内容的基础上讨论：应该怎样创编故事书、怎样进行合理的分工，在练习绘画故事中的各种动物形象，提升幼儿绘画故事片段画面的技巧后，幼儿在教师的引导下，逐步开始分组合作创编故事书——《会滚的汽车》。这次我们的合作方式是小组先商讨确定故事中的一些形象，然后分工决定自己要画哪些形象，每一页只要有你选择的形象出现你就要与大家通过合作进行绘图，最后装订成册完成故事书的创编。

在相互交往的过程中，我们发现大班后期的幼儿合作意识有了明显的提高，小组之间有明显的竞争意识，经常会相互观望其他组的进展情况。他们清楚地知道现在同一组的小朋友是一个集体，他们有共同的目标就是通过相互间的合理分工，合作完成故事书——《会滚的汽车》的创编，他们逐渐明白公平的原则和需要服从集体约定的意见。

这次的合作活动，我们教师边思考边进行活动，随着孩子们的表现我们的计划每周都会有一些改变，希望活动能更好地推动孩子们的社会性发展。整个主题活动下来，我们认为，我班的孩子社会性发展较好，能够和平友好地和同伴商量、合作，从而达到共同的目标，发生矛盾时能够独立地协商解决，基本不需要成人帮助。即使他们解决不好，也会主动请求教师的帮助。只有在孩子需要的时候提供帮助和指导，尽量放手让幼儿自主决定，支持他们按自己的想法做事，才能更好地促进幼儿的社会性发展！

竖起我的大拇指

陈芳芳　张丽丽

一、主题实施背景

在每个班里，总会有几个孩子，在集体活动中显得有些害羞、不够自信。同时，孩子们由于年龄的限制，在评价自己或评价别人好与不好、能干与不能干时，会出现一些偏颇的评价、归因。受环境和成人的影响，很多孩子往往多从结果上去评价，而不是从过程去评价。

夸奖别人和被别人夸奖都是件开心快乐的事情。尝试让孩子去夸奖别人、赞美别人不仅能让被夸奖、被赞美的人得到愉悦，孩子自己也能得到一定的愉悦。更为重要的是，夸奖别人、赞美别人在一定程度上能促进孩子人际交往的发展，帮助孩子了解、学习一些有用的交往技能。

我们设想通过一定的活动，改善个别幼儿比较害羞，不敢主动在集体面前表现自己的现象；同时还要改善那些主动性较好，但有时显得有些骄傲，受挫能力比较弱的幼儿的行为。

主题展开设想：从标志性的动作"竖起大拇指"展开，先尝试把大拇指送给自己，再尝试把大拇指送给别人。再把送给自己、送给别人的大拇指按几块分类。从中了解哪些方面、哪些事情是可以去夸奖的。

二、活动前准备及相关环境创设

区域：

主题墙上布置了孩子们自己装饰绘画的竖起大拇指的标志，使其有一个具象的感受和认识，从而激发孩子寻找、发现自己和他人优点的主动性；在美工区，投放了很多大拇指的轮廓图，供孩子们随时描绘自己发现的值得夸奖的事情；在图书区提供有关自夸和他夸的图书、图片，供孩子们翻阅、交流；另外在表演区还投放了各种道具，供孩子们进行情境表演，加深夸奖的体验。

墙饰：

在教室四周的墙上布置了25块展板和分类的大花（自夸和他夸分别5朵），上面全都是孩子们的作品。其中展板上是每位孩子平时活动和日常生活中积累的作品，如找到自己或他人值得夸奖的事情后就把它用绘画的形式表现在大拇指标志上，然后再粘贴到自己的展板上。同时，我们还准备了10朵大花供孩子们将夸奖的事情进行分类，自夸和他夸分别5朵，如自夸，按照帮助别人、自己的事情自己做、本领变多了、不怕困难、同伴友好这5个方面，将平时制作的大拇指分到5朵大花上，他夸也是如此。以此来鼓励、激发孩子们善于从日常生活中发现自己和他人的闪光点。

家园：

张贴亲子联系单，及时、密切与家长联系交流，希望家长们树立正确的评价观，尽量从过程取向上去评价孩子，而不是从能力归因上，从结果上去评价孩子。平时在家或外出有

意识地引导孩子多用大拇指，结合幼儿园的活动适当地在家进行一些延伸活动，同时注意培养孩子建立良好的自我评价观，引导孩子树立良好的自信心，鼓励孩子注重过程，享受过程，努力实现自己的目标。

三、主题活动总目标

1. 培养孩子一定的自信及积极的对于自我方面的归因模式。
2. 培养孩子良好的交往策略。

四、主题活动过程

活动一：竖起大拇指

活动目标

1. 通过故事感知竖起食指和大拇指的不同作用。感受竖起大拇指特有的作用与意义。
2. 了解小小的一个动作可以帮助我们解决生活中很多的问题。

活动准备

竖起食指、竖起拇指的动作图片各一张。

活动过程

1. 出示竖起食指和拇指的动作图片，引出故事。
2. 欣赏故事《竖起大拇指》，了解竖起大拇指和食指不同意义。
3. 和幼儿一起讨论：你喜欢别人向你竖起大拇指还是竖起食指？为什么？
4. 集体学做竖起大拇指的动作。

活动分析

对于中班年龄阶段的孩子来说，“竖起大拇指”这个动作还是比较熟悉与常见的。对这个动作所代表的意义也有一个基本的认识。通过比较故事里小主人公，竖起两个不同手指所带来的不同结果，让孩子能比较具体、形象地感受到竖起大拇指的神奇作用。在他们原有认识经验的基础上，进一步加深对“竖起大拇指”这个动作特殊意义的理解，从而激发孩子喜欢这个动作，并经常乐意向自己和他人做这个动作。

附故事

竖起大拇指（故事）

早晨，外公叫小木耳起床。小木耳见外婆不在，食指一指，冲着外公叫起来：“外公去叫外婆来，我要外婆在这里！”外公有点不乐意了。

喝豆浆的时候，外婆放了两勺蜂蜜在豆浆里。小木耳喝了一口，食指一指，冲着外婆叫起来：“不甜，不甜，再多放一点！”外婆有点不乐意了。

妈妈讲故事给小木耳听，讲啊讲啊，嗓子都讲哑了，刚歇一会儿，小木耳马上食指一指，冲着妈妈叫起来：“快讲！快讲！”妈妈有点不乐意了。

奥特曼坐在呜呜叫的小车上，多神气啊！可是小车子撞了墙，停在那儿不动了。小木耳食指一指，冲着奥特曼叫起来：“走啊！走啊！”奥特曼有点不乐意了。

爸爸来了，他扳起小木耳的大拇指，蜷起他的食指，说：“小木耳，再试试。”

小木耳对着奥特曼竖起了大拇指：“奥特曼，好样的！”啊，真灵，小车子动了动身子，转了个弯，向前开去。

小木耳对着爸爸笑了，爸爸也对着小木耳笑了，他们都竖起了大拇指。

第二天早晨，外公叫小木耳起床。小木耳竖起大拇指，说：“外公，让外婆来陪小木耳，好吗？”外公笑了。

喝豆浆的时候，小木耳竖起大拇指，说：“外婆，多放一点蜂蜜，好吗？”外婆笑了。

妈妈带小木耳去玩具店。小木耳一眼

就看中了一只穿粉红色裙子的小熊。她笑眯眯地对营业员说："阿姨，我要那只熊。"当阿姨把小熊递过来时，小木耳又笑眯眯地竖起大拇指说了声"谢谢"。

阿姨也朝小木耳竖起了大拇指，开心地说："小姑娘，好样的！"

活动二：大拇指标志

活动目标

1. 通过活动熟悉大拇指这个标志性的动作，对其有一定的认识。
2. 按自己的想法对大拇指标志进行装饰。

活动准备

每位幼儿一份大拇指标志图。

活动过程

1. 认识大拇指标志，说说什么时候我们会用到这个大拇指标志。
2. 讨论当大拇指指向你自己时，有什么感受？
3. 鼓励幼儿大胆想象，装饰大拇指标志。

活动分析

小朋友找自己的优点时，大都说自己帮助了别人，所以要送自己大拇指，很少从自身具有的技能或别的方面去找，如：我画画得很好，我歌唱得很好听等。当小朋友们拿到大拇指时可高兴了，特别是他们说出一件值得夸奖的事，并把大拇指指向自己时特别自豪。通过装饰大拇指，小朋友们对大拇指这个标志性的动作有了更深刻的印象和更直观具体的感受。

活动三：我的拇指展板

活动目标

1. 通过活动，了解大拇指展板的作用。
2. 引导、激发幼儿设计、绘制自己大拇指展板的代表性标志。

活动准备

25张小展板、纸、水彩笔、油画棒。

活动过程

1. 出示展板，介绍作用。
2. 设计、绘制自己展标。
3. 制作、粘贴展板标志。
4. 展示、介绍各自的展板标志。

活动分析

在引导孩子设计、绘制自己的展板标志时，孩子们都能积极地开动脑筋，大胆表述自己的想法。在绘制展板标志时，大多数孩子也都能独立地按自己的想法把自己表述的事情简单地描绘下来。有个别孩子在描绘自己值得夸奖的事情时需要老师的引导与帮助。同时，也有个别孩子在表述、描绘自己值得夸奖的事情时，有一定的"跟风"现象，没有认真开动脑筋，找寻、表述自己真正值得夸的事情。

活动四：夸夸我自己（一）

活动目标

1. 鼓励幼儿找找说说自己值得夸奖的地方及其具体事件。
2. 用自己的方式在大拇指标志上记录。

活动准备

每位幼儿一块展板，若干份大拇指标志。

活动过程

1. 夸夸我自己。请幼儿说说自己值得夸奖的地方及其具体事件，然后把大拇指送给自己。
2. 记录我值得夸的事情。请幼儿用绘画的方式把自己值得夸奖的地方记录下来。

3. 幼儿讲解自己的夸奖内容，教师加以记录。并将做好的大拇指布置在自己的展板上。

活动分析

这个主题进行了近一个星期，效果还不错，现在小朋友们看到大拇指很有感觉，每次把大拇指送给自己时都特别自信和自豪，小朋友们夸奖自己时基本上也以过程评价为主。活动中，小朋友把自己值得夸奖的事情画在大拇指上时，画得很有意思、很形象，如溜冰溜得好，就在大拇指上画上溜冰鞋；会一个人睡觉，就画上一张床，在床上画上一个人等，和上学期比起来小朋友们绘画的能力提高了不少。

活动五：夸夸我自己（二）

活动目标

1. 鼓励幼儿大胆寻找、表述自己值得夸奖的地方及具体事件。

2. 用绘画的方式表现在大拇指标志上，同时粘贴在自己的展板上，丰富自己的大拇指展板。

活动准备

25份拇指图样、水彩笔、剪刀、固体胶。

活动过程

1. 引导幼儿说说自己值得夸奖的事情。

2. 幼儿绘制、记录。

3. 幼儿表述绘画内容，教师帮助记录在大拇指上。

4. 幼儿在展板上剪、贴大拇指标志。

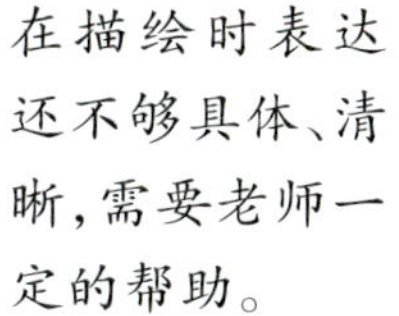

活动分析

在引发孩子讲述自己值得夸奖的事情时，他们基本都能将夸奖自己的事情具体地表达出来，而不是简单、笼统地从结果和能力上去评价、夸奖自己。在将自己值得表扬的具体事件描绘在大拇指上时，有很多孩子都能具体、清晰地用简单的画表达出来，但也有少数孩子在描绘时表达还不够具体、清晰，需要老师一定的帮助。

活动六：小小联谊会

活动目标

1. 与小小班的弟弟妹妹们开展愉快的联谊会，说说活动中自己值得夸奖的表现。

2. 把自己值得夸奖的事情画在大拇指标志上。

活动准备

事先与小小班的老师联系好，安排好联谊

内容，大拇指标志。

活动过程

1. 小小联谊会。到托班与弟弟妹妹一起活动（包括生活活动和游戏活动），每位幼儿与一个弟弟或妹妹搭档。

2. 大拇指送自己。请幼儿说说在联谊活动中自己表现好、值得夸奖的地方，然后把大拇指送给自己。

3. 幼儿把自己值得夸奖的事情画在大拇指标志上，老师记录。

活动分析

到了小小班后，小朋友们似乎觉得自己一下子长大了很多。因为自己是哥哥姐姐了，所以表现得出乎意料的好，一点也不吵闹，还帮弟弟妹妹穿、脱鞋子，讲故事，帮着喝豆浆，提醒弟弟妹妹安静学本领，还分糖给弟弟妹妹吃，等等。回教室后，每位小朋友都兴奋且自豪地告诉大家自己帮助小小班的弟弟妹妹做了什么事情，送了很多大拇指给自己，感觉很开心，觉得自己真的长大了，能干了。

活动七：击鼓传拇指

活动目标

1. 通过游戏引导、激发幼儿寻找、讲述自己各方面值得夸奖的地方。

2. 说说把大拇指送给自己的具体事件、原因。

活动准备

大拇指图片、小鼓。

活动过程

1. 游戏：击鼓传拇指图片。大拇指图片传到谁的手上，谁就可以送一个大拇指给自己。说说为什么送自己大拇指。

2. 反复游戏若干次后结束活动。

活动分析

在孩子们熟悉的传统游戏“击鼓传花”基础上，进行类似的“击鼓传拇指”游戏，孩子们活动起来既熟悉又新奇，同时孩子也能快速熟悉和操作起来。在整个游戏过程中，孩子们活动的积极性都很高，对大拇指轮到自己手上，能有机会站起来讲述一下自己值得夸奖的事情，送自己一个大拇指都比较感兴趣。对整个活动的投入程度较好。

活动八：分贴拇指花

活动目标

1. 请幼儿将自己夸自己的大拇指按不同的内容分分类，归纳为几个类别。

2. 将各自的大拇指按类别分送到拇指花上。

活动准备

25 张小展板、5 朵分类花。

活动过程

1. 给大拇指分类。

2. 根据不同的类别，给每个类别取个名字。如：

本领变多、变棒，值得夸！
帮助别人，值得夸！
自己的事情自己做，值得夸！
同伴友好，值得夸！
不怕困难、勇敢，值得夸！

3. 按类分贴大拇指。

4. 检查、欣赏分类贴的五朵拇指花。

活动分析

经过多次夸奖自己具体行为的活动，在引导孩子对大拇指进行归纳、分类时，孩子们归纳、分类的思路还是比较清晰、有序的。基本都能把自己夸奖自己的大拇指按具体的事情归纳、分送到5朵拇指花上，正确率比较高。偶尔有个别孩子遇到一些归类界限比较模糊的大拇指，和小朋友、老师一起商量后也能正确地分送到相应的拇指花上。

活动九：小猪兄弟

活动目标

1. 理解故事内容，知道用自己的大拇指去寻找他人的优点。

2. 能用正确恰当的语言夸奖别人，促进交往。

活动准备

大拇指标志，指偶小猪。

活动过程

1. 欣赏故事《小猪兄弟》。提问：为什么猪哥哥找到很多好朋友，而猪弟弟一个也没找到？

2. 故事小情境表演。教师适当引导幼儿用正确恰当、有礼貌的语言夸奖别人。

活动分析

经过上一星期的活动，小朋友们已较习惯运用大拇指去找优点。情境表演时，小朋友们都是当猪哥哥的，他们夸奖他人夸得较好，知道夸奖他人的具体表现。

附故事

小猪兄弟

有一对小猪兄弟天天在一起玩，后来它们觉得两个人太少了，于是猪哥哥和猪弟弟决定去找更多的朋友来玩。

小猪兄弟俩走呀走，看到小河边一只螃蟹正忙着打泥洞。猪弟弟看了一眼螃蟹说：“瞧你这扁塌塌的模样，真不好看。”猪哥哥却竖起大拇指指着螃蟹说：“小螃蟹，你打洞的本领真棒，你打的泥洞又光滑又漂亮。”小螃蟹听了猪哥哥的话很开心，于是和猪哥哥做了好朋友。小猪兄弟俩继续朝前走，迎面走来了一只小鸭。小鸭走起路来，屁股一歪一歪，身子一摇一摇。猪弟弟见它走路的样子，哈哈大笑：“看，小鸭走路的样子多可笑，真滑稽。”猪哥哥仍是竖起大拇指，指着小鸭很有礼貌地说：“你好，小鸭子，上次我看到你在河里游泳，游得真好啊！”小鸭听了心里可高兴了，于是它也和猪哥哥成了好朋友。

小猪兄弟一路上碰到了很多小动物，猪哥哥找到了很多好朋友，而猪弟弟却一个都没找到，小朋友，你们知道这是为什么吗？

活动十：你真勇敢

活动目标

1. 通过故事和情境表演，知道要善于发

现并夸奖他人的优点。

2. 加深夸奖他人的体验,促进同伴间的交往。

活动准备

与故事情境相对应的道具,事先与大班幼儿排练好表演。

活动过程

1. 情境表演。请事先排练好的幼儿表演一遍故事,老师念旁白。

2. 请幼儿说说情境表演中三位小朋友值得夸奖的地方,并请幼儿模仿一遍。

3. 送大拇指。

请每位幼儿用自己的大拇指去找同伴的优点,并用好听的、有礼貌的语言表达出来。

活动分析

情境表演比较真实、具象,小朋友们非常喜欢,也易于理解。考虑到之前一直进行的是自夸,刚开始他夸,小朋友们可能一下子找不到别人值得夸奖的地方,所以先请他们找好朋友互送大拇指,因为好朋友之间比较熟悉,容易找到优点,进行下来效果还不错,每位小朋友都送出去了好几个大拇指,最多的有六七个。画大拇指时,由于自夸时画得较多,因此这个环节小朋友们已经做得很好了。

活动十一:夸夸我的小伙伴(一)

活动目标

1. 鼓励幼儿大胆寻找、表述同伴间值得夸奖的地方及具体事件。

2. 用绘画的方式表现在大拇指标志上,同时粘贴在自己的展板上,丰富我们的拇指展板。

活动准备

25份大拇指图样、水彩笔、剪刀、固体胶。

活动过程

1. 引发幼儿说说别人值得夸奖的事情。

2. 幼儿相互讲述彼此值得夸奖的事情。

3. 幼儿绘制、记录。

4. 幼儿表述绘画内容,教师记录。

5. 幼儿在展板上剪、贴大拇指。

活动分析

在引导孩子夸奖别人时,一时间孩子会有些摸不着方向,不知道一下子该夸奖谁。在活动中,请孩子们以好朋友的形式,两两结对,有针对地寻找、发现、讲述对方值得夸奖的地方,这样孩子操作起来比较有方向。同时,孩子们在活动中的积极性也比较高。

活动十二:夸夸我的小伙伴(二)

活动目标

1. 继续寻找他人值得夸奖的地方及其具体的事件。

2. 表现在拇指展板上,丰富我们的拇指展板。

活动准备

每位幼儿一块展板,画纸,画笔,剪刀,大拇指标志。

活动过程

1. 回忆前几天自己把大拇指送给了谁,

为什么要送给他？

2. 今天你还想把大拇指送给谁，为什么？引导幼儿从五大方面来夸奖。

3. 幼儿表述绘画内容，教师记录。

4. 幼儿在展板上剪、贴大拇指。

活动分析

小朋友们对于“画拇指”这一活动环节已非常熟悉，夸奖的内容也更加具体，而且基本上是从每天的日常生活中去找的。在小朋友的作品中，发现对他人的夸奖中，“不怕困难”和“帮助别人”较少，“同伴友好”、“自己的事情自己做”、“本领变多、变棒了”稍多一点，这与自夸有点相反。现在小朋友在夸奖时会把“值得夸”用上去了，如“依依把玩具整理得很整齐，值得夸！”

活动十三：拇指分送秀

活动目标

1. 引导幼儿将夸奖别人的大拇指按不同的内容分类。

2. 将各自的大拇指按类别分送到拇指花上。

活动准备

25 张小展板、5 朵分类花。

活动过程

1. 送大拇指。将自己夸他人的大拇指一个个地送给被夸奖的人，并告诉他为什么值得夸。

2. 按类分贴大拇指。按五大类将夸奖他人的大拇指进行分类。

3. 检查、欣赏分贴的 5 朵拇指花。

活动分析

有对自夸大拇指归纳、分类的经验，对他夸大拇指的归纳、分类，孩子们操作起来就显得比较轻松，也比较容易进入状态。活动中，请孩子们将自己画的夸奖别人的大拇指一一分送给那些被夸的小朋友，同时用自己的语言表述被夸者哪些方面值得夸，这一环节孩子们的活动积极性很高，整个场面和氛围也都比较融洽、愉悦。这样，在一定的互动活动中，促进孩子的语言表达能力和同伴间的基本交往技能。而当自己成为别人夸奖的对象时，孩子的心情也是很愉悦的。

五、主题活动反思

经过我们的尝试，活动的目标还是基本实现了。虽然幼儿年龄小，但是他们已经出现了由于不同的目标取向而导致的不同的行为选择以及情感体验，我们就可以尝试在他们原有基础上进行一定的改变。不过整个主题活动下来，我们觉得如果在这个主题活动之前，先能进行一个类型相似，但层次相对低一些的主题活动，可能在进行这个主题活动时，幼儿的整体感受和活动的整体效果会更好一些。

整个主题活动进行过程中，每个活动之后，我们都是依照幼儿的感受与体验，再考虑、设计下一个活动内容与方法。主题活动第一阶段，我们进行的是有关自夸的活动。在起初几个活动之后，我们感觉幼儿在对自己进行自夸时，对于寻找具体值得夸奖的事情时，方向有些模糊，范围有些狭隘。针对这一现象，我们及时反思、调整活动进程与方式。将自夸这一块活动做得再具体一些、细致一些。和幼儿一起进一步挖掘深层次的内容。一方面我们引导幼儿如何在日常生活中，发现、寻找自己具体值得夸奖的事情；另一方面我们积极给幼儿创设各种易于发现、寻找自己值得夸奖事件的情景与环境。让幼儿清晰概念，扩展思路。

改变思路后的活动效果与之前相比，有不错的改善与提升。为第二块的他夸活动也打下了良好的基础。当孩子进行他夸这一块的活动时，进展和效果都比较明显。

经过这一系列的活动之后，我们常常能听到幼儿一些好听的声音。

与此同时，孩子也将美妙的夸奖运用到了同伴交往中。对幼儿同伴交往起到了一定的促进作用。有些家长也跟我们反映，最近孩子很喜欢让别人竖起大拇指夸奖他，或自己竖起大拇指夸奖别人，情绪也愉悦、稳定了不少。

不过，整个活动中，我们也存在着很多不足。比如有些具体的活动开展之前考虑得还不够详细、周全；幼儿在表达与操作的过程中有些细小的地方引导还不够到位；给幼儿创设发现、寻找自己或他人值得夸奖事情的机会、环境还不够多；范围、形式还不够广泛和丰富。

在整个活动中，孩子成长、提高了不少；作为教师的我们也成长、提高了不少，对做这一类的情感主题活动又一次积累了相应的实施、操作经验。主题虽然结束了，但是我们还是会继续关注孩子的点点滴滴。希望我们在接下去继续做情感主题活动的过程中能有进一步的改善与提升。

理解棋

陈芳芳　华　珉

一、主题实施背景

在一日生活中，中班的孩子交往欲望急剧增强：能力较强的孩子在活动中开始出现同伴选择偏好，而能力较弱的孩子也在不断地拓展自己的交往面，协同游戏、合作游戏不断增多。在交往增多的环境下，同伴冲突也开始增多，这时的孩子既"爱告状"，也非常脆弱。他们需要得到他人的肯定与赞美，促使他们更自信、主动地去交往。遇到问题时又不会表达，当自己成为"被告"时又表现得非常脆弱。因此，这时的孩子需要在自我认同的基础上，帮助他们学习理解他人，从而促进和谐交往。

以往我们的情感活动常常以说教、情境演练等方式进行。在这种活动中，孩子们并不能完全地体验和认识到他人的情绪情感。让孩子置身于真实情境，在切身体验中感受他人情绪情感，学习理解他人，从而促进和谐交往。为此我们选择了《数字棋》这一主题，主要有以下考虑：在下棋和设计棋的过程中，输赢和好坏是活动自然产生的结果，面对输赢和好坏，孩子必然会有不同的应激反应和情绪产生，在这样的体验中，通过观察他人的反应，感受他人的情绪，让孩子自然地去理解他人、认同他人，坦然地面对输赢。同时，通过一定的归因练习，了解如何从分享、关心、宽容、赞美、合作等亲社会能力中，努力使自己成为一个受欢迎的人。

二、主题活动总目标

1. 学走数字棋，充分了解数字棋规则。在两两对弈和设计的过程中，感受输赢带来的情绪体验，并在此基础上学习理解他人的情绪和观点。

2. 在下棋和设计棋的过程中，引导幼儿尝试和不同的同伴进行交往，建立更深入的同伴关系，从而促进同伴间的和谐交往，努力成为一个受欢迎的人。

三、主题活动过程

活动一：数字棋

活动目标

1. 认识数字棋的基本元素（数字、起点、终点），了解下数字棋的基本规则。

2. 集体学下数字棋，体验下棋的乐趣。

活动过程

1. 讨论、了解幼儿关于下棋的经验。

2. 出示棋谱，了解数字棋棋谱的基本元素。介绍数字棋玩法。

3. 集体学习数字棋。分成男孩队和女孩队，并选择棋子，掷骰子下棋。

4. 小结活动中感受。

活动分析

孩子对数字棋的基本规则掌握得比较快。在分男、女组比赛的过程中，孩子们的投入程度和积极性都非常高。很多孩子还表现得特别激动。在下棋过程中，当轮到自己队的队友掷骰子时，会拼命给队友加油。通过这样集体的分队比赛，激发孩子对下棋活动的兴趣，同时，对下棋的规则也有了基本的掌握，为以后的活动奠定了良好的基础。

活动二：我们的评比表

活动目标

1. 了解记录表的用途——记录数字棋比赛结果。
2. 积极参加下棋比赛，愿意尝试不同的数字棋，找不同的朋友进行比赛。
3. 懂得在活动中与同伴协商解决问题。

活动过程

1. 出示记录表，了解、熟悉记录表的用途。
2. 分组比赛。
3. 汇总比赛结果，记录在表上。
4. 小结下棋比赛中的问题（规则、交往、情绪）。

活动分析

在活动中，由于骰子的数量有限，比赛只能4人一组，分成6组进行。在自由选择下棋伙伴时，孩子们没有大问题，很快就组合好了。但也有个别小组在选择棋谱时出现了一些矛盾。

在两轮的下棋比赛中，有些孩子对规则的掌握、遵守不是很好，因此而引发了不少矛盾。一轮比赛后，输赢的结果对孩子的情绪影响基本没有表现出来，但两轮比赛后，尤其是将结果记录在表后，个别孩子因比赛的输赢引发的激烈情绪就陆续表现出来了，如撅嘴发脾气、哭鼻子、指责对手在下棋过程中赖皮、不承认比赛结果等。引导孩子在活动中减少矛盾，合理宣泄自己的情绪，也就成为接下来活动的主要内容了。

活动三：两两对弈（一）

活动目标

1. 引导幼儿在自身体验的基础上，理解他人情绪。
2. 在下棋活动中引导幼儿遵守比赛规则，减少因不守规则引发的矛盾。

活动过程

1. 教师讲解对弈规则。
2. 两两对弈。自由选择对手、棋谱。
3. 小结战况，将结果记录在表上。
4. 小结活动。

活动分析

第一次进行两两对弈的下棋比赛，孩子们的兴趣都比较高。在两两对弈的下棋过程中，因不守规则而引发的矛盾还是比较多。究其原因，主要也是孩子们迫切想在比赛中获得胜利，让自己的记录表上积累更多的小苹果。活动小结时，引导孩子一起讨论了这一问题与现象，向幼儿提出正确的下棋规则。对那些有“特殊做法”的人给予理解，但并不提倡，还是推崇遵守规则。

活动四：两两对弈（二）

活动目标

1. 在下棋活动中引导幼儿遵守比赛规则，减少因规则引发的矛盾，学习自己解决问题。

活动过程

1. 回顾前一天的比赛结果。讲讲各自感受。
2. 两两对弈。自由选择对手、棋谱。

3. 小结战况，记录在表上。

4. 小结活动。

活动分析

在巡回观棋的过程中，也发现个别“常胜将军”（以男孩子居多）的“小方法”：当投到一个较小的或不理想的数字时，他会趁对方不注意或转移对方注意力，说句简单的话，再用手指指棋谱的某个地方时，拿走骰子，再投一次。这样的小伎俩一旦被对方发现，就会引起同伴的强烈不满，立马向老师告状，而这时他即使及时向同伴道歉，也会影响同伴对他的印象。为了公平，制定了这样的规则，即使先到达终点，但凡有发现偷投两次骰子等“违规”行为时，就不能得到苹果，请双方互相监督。在此监督下，虽然有个别孩子还会做些小动作，但是因规则引发的矛盾得到较好的遏制。

在今天的活动中，一些昨天的“胜利者”透露出了自己的“小秘密”：一些孩子非常注重投骰子的方法，如想要投6，就把1朝上摆，利用相对的两面常常可以得到自己理想的数字；也有孩子发现利用“螺旋转”的方式可以提高得到6的概率。这样的方式应当算作一种方法，还是算小小的“作弊”，老师应该如何进行引导？是遏制，还是可以“推广”？

经过研究这两天的比赛结果，发现赢的孩子几乎没有太大变化，考虑到另一部分孩子的情绪、情感体验，我想，既然孩子们有自己的发现，可以在明天的活动前做简单的介绍。

活动五：两两对弈（三）

活动目标

1. 提出新的游戏规则：当两人到同一格时，后者可以将前者打回起点。在游戏中加深对新规则的运用。

2. 在下棋活动中引导幼儿遵守比赛规则，学习自己解决问题的能力。

活动过程

1. 教师与幼儿对弈，讲解示范新规则：当两个人到同一格时，后者可以将前者打回起点。

2. 两两对弈。自由选择对手、棋谱。

3. 小结战况，记录在表上。

4. 小结活动。对活动中幼儿产生的主要矛盾做一简单的点评，并鼓励改进。

活动分析

当加入了这一新规则，战况变得比较激烈了。当女孩子输了时，她们的表现相对缓和一些：主要变现在面部表情，有些难过，不情愿的样子，一个安静内向的孩子甚至在看到对方即将胜利时用手蒙住了眼睛，不愿意面对这样的结局。而个别男孩子面对输了的结果反应比较激烈，两手挽在胸前，生气地转过头去，一边说：“哼，有什么了不起的！”

因此，老师在小结时运用的是移情的方式，做了一次简单的集体小结、引导，一是为缓解对手之间的紧张气氛，二是为之后的活动做一铺垫。

活动六：两两对弈（四）

活动目标

1. 巩固游戏规则，再次加入新规则（掷骰子出现6时，可以连掷一次）。并在活动中加深对新规则的掌握与运用。

2. 在不断下棋的基础上，积累积分，激发孩子下棋的积极性，引导、鼓励幼儿正确地宣泄消极情绪。

活动过程

1. 明确前一天新加的规则：到同一格时，后者可以将前者打回起点。

2. 找不同的对手，遵守规则进行比赛。

3. 小结比赛情况，将结果记录在表。

4. 新加规则，继续比赛：掷骰子得到6时，可以连掷一次，以此类推。

5. 小结比赛情况，将结果记录在表。

6. 小结活动。

活动分析

实施新规则后，孩子们在下棋的过程中，矛盾与冲突日益激烈。实行第一个新加规则时，当自己被别人打回起点时，很多人的脸上都会马上显现出不悦的情绪表情。尤其是当自己快到终点时，突然被对手打回起点，情绪尤为激动。在这种状况下，不少孩子会说对手赖皮，或没按格子走，想尽力改变这个被打回起点的事实。也有一些孩子因被打回起点，就忽然不高兴说不玩了。在引导孩子正确面对输赢及合理宣泄情绪的基础上又加了一条新规则。加上第二个新规则后，有些孩子为了能扔到6，对扔骰子动了不少心思，有的甚至作弊。基于这些现象，最后集体商讨决定，下棋时，骰子必须转动、滚动起来才有效，不然以无效处理。

活动七：受欢迎小棋手（一）

活动目标

1. 在前期下棋活动的基础上，说说最喜欢和谁下棋，是什么原因喜欢和他下棋。

2. 制作受欢迎小棋手评比表，累计各自受欢迎人气。

3. 归纳、罗列受欢迎小棋手条件，鼓励幼儿争取成为一个受欢迎的小棋手。

活动过程

1. 观察输赢记录表，看看自己和同伴的输赢记录，说说和同伴下棋的感受。

2. 出示受欢迎小棋手评比表，介绍表的作用。

3. 说说喜欢和谁下棋，为什么？并将结果记录于表。

4. 归纳受欢迎小棋手的特征。

5. 树立榜样，鼓励幼儿争取让自己成为一名受欢迎的小棋手。

活动分析

孩子们在讲述自己喜欢和谁下棋的原因时，大部分孩子在归因时能说出具体的客观性的缘由。但也有个别孩子在评价时，是以个人的喜好来决定的。针对这些孩子，在之后的活动过程中要注意引导。不过在归纳受欢迎棋手条件时，经过引导，孩子们还是基本能明确受欢迎的原因：即在理解别人想法、感受、行为的基础上，去关心帮助他人。

活动八：受欢迎小棋手（二）

活动目标

1. 在前期下棋活动的基础上，说说最愿意和谁下棋，是什么原因喜欢和他下棋。

2. 评比受欢迎小棋手，累积各自受欢迎人气。

活动过程

1. 提出要求，自由结伴下棋：寻找不同的三个小伙伴，轮流下棋。

2. 评比受欢迎小棋手。最喜欢和谁下棋，为什么？

3. 将受欢迎小棋手人气指数记录于表。

4. 归纳受欢迎小棋手的特征。

5. 树立榜样，鼓励幼儿争取让自己成为一名受欢迎的小棋手。

活动分析

在活动中我请孩子们与三个不同的伙伴进行下棋，一些孩子在活动中也表现出非常“友好”的态度：即使输了，也保持微笑的状态；赢了的孩子去安慰输的孩子，还送她小玩具。因此，在最后孩子的相互评价的环节中也是在他们相互比较的基础上得出的自己的结论。通过比较，他们更明确地为大家指出了“受欢迎”的方向，也更了解了自己可以努力的方向。

活动九：集体设计数字棋

活动目标

1. 集体讨论棋谱的构成，了解棋谱设计步骤，共同设计大棋谱一份。

2. 学习协调在讨论中发生的争执事件。

活动过程

1. 提出要求，集体设计数字棋。

2. 师幼讨论，数字棋的相关要素。

3. 设计棋谱：先协商确定棋谱主题，起点、终点和棋谱路线，再画棋谱。

4. 共同绘制棋谱。

活动分析

整个活动中争执最厉害的无疑就是第三个设计环节了，每个孩子都有自己不同的想法，如何选择呢？最后，老师提出只能选择一个方案时，同伴地位较高的章越所提出的“宇宙飞船”数字棋得到了大多数孩子的呼声。在决定起点与终点的过程中，同样的问题又出现了。邦彦提出：小鱼尼莫要去飞船里救爸爸。这一说法得到了很多人的赞同，最后的投票中大多数孩子也都倾向于这个方法。在孩子提出的想法中，也可以看出锦儿、邦彦在下棋的过程中已经积累了一定的经验。在共同设计棋谱的活动中，最终目的就是让孩子学会接纳他人、共同合作。

活动十：朋友数字棋（一）

活动目标

1. 自愿选择同伴，与同伴合作设计棋谱，在过程中学习分工、协调。

2. 在过程中学习理解别人、尊重别人，体验成就感及与人友好合作的愉悦。

活动过程

1. 出示前一天集体设计的大棋谱，回忆棋谱制作过程。

2. 回忆、罗列制作棋谱步骤。

（1）商量棋谱外形。

（2）绘制棋格和数字。

（3）制作起点和终点。

（4）装饰棋谱。

（5）给棋谱取名字。

3. 两两合作，设计棋谱。

4. 幼儿介绍，教师记录作者和棋谱名字。

5. 作品展示。

6. 小结全班设计作品长处和不足之处。

活动分析

帮孩子理清思路，弄清楚设计的具体步骤后，设计出来的棋谱效果还是可以的。但问题还是存在不少。比如棋谱外形的线条不够流畅、棋格排列不够均匀、数字书写不够规范工整、画面布局不够合理、色彩搭配不够鲜明合理等等。在之后的活动中，经过一定的练习后，棋谱设计得较为合理了。在合作设计过程中，当在意见和观点上发生矛盾冲突时，孩子们会尝试用一些方法协商解决，但效果不佳。有方法上的问题，也有一些情绪上的影响。

活动十一：朋友数字棋（二）

活动目标

1. 继续自愿选择同伴，与同伴合作设计棋谱，并能在过程中，运用一些协商的方法，友好、有效地解决矛盾与冲突。

2. 在过程中学习理解别人、尊重别人，体验成就感及与人友好合作的愉悦。

活动过程

1. 回顾与同伴合作设计棋谱情况。

2. 明确一些协商方法

（1）两个人剪刀、石头、布来决定听谁的。

（2）谁的想法好就听谁的。

（3）两个人商量一下。

（4）轮流画，他画两个我画两个。

3. 幼儿两两结伴，设计棋谱。

4. 幼儿讲解，教师记录作者和棋谱名字。

5. 展示、介绍作品。

活动分析

经过一定的练习后，棋谱外形丰富多样起来了，格子与数字的排列、书写上也有了一定的进步，修饰也有了一定的控制。但有些合作组的设计效果还需加强。在选择合作设计伙伴的时候，那些平时绘画能力比较强、数字写得比较好的孩子被选中的几率比较大。有的孩子经常以好朋友为合作对象，使得他们合作的伙伴相对比较固定。应加强引导孩子多与不同的伙伴进行合作设计。幼儿协商处理矛盾纠纷的能力也有进步，不过还是存在一些不能协商解决、友好相处的现象，这有待进一步的练习与提高。

活动十二：朋友数字棋（三）

活动目标

1. 在前一天完成棋谱的基础上，与同伴商量制定自己棋谱的新规则一条。

2. 向大家介绍自己的新规则，并邀请不同的同伴下棋。

活动过程

1. 回顾设计情况，明确协商方法。

2. 引导幼儿在设计过程中，关注同伴。

3. 两两结伴设计棋谱。

4. 幼儿讲解，教师记录作者和棋谱名字

5. 展示、介绍作品。

活动分析

在设计活动中，孩子们的棋谱已经日趋成熟，设计出了大树数字棋、房子数字棋等等。在路线的设计上，对设计有造型的棋谱的孩子提出较高的要求：一开始，他们的棋谱线路较为单一，多是围绕造型的轮廓设计了一圈。在老师引导下，尝试将棋谱向造型内部延伸。

在棋谱设计的过程中，还是会出现一个孩子设计，而另一个则不参与或很少参与的情况，需要老师的不断引导，促使双方的互动。

一个良好的合作互动是建立在一定的交往基础上的，同时，必要的技能、幼儿的性格特征等也决定着互动的效果。通过教师的适当引导，在幼儿原有基础上最大限度地促进同伴之间的良性交往、合作。

活动十三：受欢迎小设计手

活动目标

1. 在前期设计棋谱的基础上，说说最愿意和谁一起设计棋谱，为什么。

2. 制作受欢迎小设计手评比表，累计受欢迎人气。

活动过程

1. 回顾和同伴一起设计棋谱的感受。

2. 出示受欢迎小设计手评比表，介绍表的作用。

3. 说说喜欢和谁一起设计棋谱，为什么？并记录结果。

4. 归纳受欢迎小设计手的特征。

5. 树立榜样，鼓励幼儿争取让自己成为一名受欢迎的小设计手。

活动分析

在归纳受欢迎的特征时，孩子们倾向于那些画得好或想法比较独特的孩子。在这样相互评价的过程中，也体现出了幼儿在班级中的同伴地位。

活动十四：谁是受欢迎的人

活动目标

1. 说说在最近下棋、设计棋谱的过程中，喜欢和谁一起活动，为什么？

2. 归纳、罗列受欢迎人的特征，树立榜样。引导幼儿在交往中成为一个受欢迎的人。

活动过程

1. 说说自己喜欢和谁一起下棋、设计棋谱，为什么。

2. 归纳、罗列受欢迎人的特征。

3. 制作爱心。每人制作一个爱心，送给心目中一个受欢迎的小朋友。

4. 送爱心。送的时候要求送爱心的人向对方说一句想说的话，同时也鼓励收到爱心的人能做出一定的回应。

5. 统计爱心数量。

6. 教师小结。

活动分析

在送爱心给自己心目中受欢迎的人的过程中，有些孩子能大胆、清楚地表达自己的想法，但也有不少孩子表达不清楚或是怯于表达。送完爱心统计后，有一半以上的孩子收到了别人赠与的爱心，有些还收到了不止一个爱心。当然，那些一个都没有收到的孩子心里肯定是有些不舒服的。在经过引导和鼓励后，孩子们努力做好和继续做好的积极性还是比较高的。

另外，在赠送爱心的过程，发现个别孩子有跟风的现象。别人送给谁，他也送给谁。可能是当时自己还没考虑清楚，就跟着别人一起送了。也有一些孩子纯粹凭个人喜好来赠与，谁是我的好朋友，谁对我好，我就送给谁。经过一番引导后，第二天再次进行了送爱心活动。活动中跟风和因个人喜好来选择赠与的现象有所改善。

活动十五：成为受欢迎的人

活动目标

1. 进一步强化受欢迎人的特征，引导幼儿努力在交往中成为一个受欢迎的人。

2. 提供下棋或设计棋谱的环境，鼓励幼儿在过程中表现出受欢迎的特征。

活动过程

1. 师幼谈话，说说喜欢的人。

2. 教师出示爱心图，进一步理解分享、谦让、关心、宽容、赞美等亲社会品质的涵义，知道拥有分享、谦让、关心、宽容、赞美的心会成为受大家欢迎小朋友。

3. 讲述自己或者别人的亲社会行为，感受到这是值得大家夸赞的好样子。争做拥有分享、谦让、关心、宽容、赞美的心的人。

4. 教师总结。

活动分析

通过之前一系列活动，孩子们的归因能力有了一定的提高。同时，通过之前的一些活动体验，他们已经比较善于发现同伴的一些优点。而仅仅善于发现还是不够的，虽然孩子们说得很好，但是，在日常活动中，在发生争执时，他们可能并没有表现得那么好。因此，虽然作为一个主题，我们的活动即将结束，但是我们还将在长期的日常生活中不断渗透、肯定、鼓励孩子们理解他人行为的亲社会品质。

四、主题活动反思

经过一段时间，数字棋的主题活动顺利结束了。在活动中，孩子们对活动的积极性和热情都非常高。各方面的能力也得到了很大的提升。

1. 在操作技能方面。

主题刚开始阶段，孩子们学下数字棋。很多孩子并不能完全正确地进行数数，或者数字与棋格不能正确地一一对应。经过一段时间不断地下棋练习,数数及数字与棋格一一对应的能力得到了很大的提升。在下棋的过程中运用得非常顺畅。在后半部分的设计棋谱中,起初孩子们绘制的棋谱并不是很理想。经过一段时间的设计、绘制练习,孩子们设计、绘制的能力增强很多。设计的数字棋不仅形象鲜明、美观,而且还相当的有想法和创意。充分展示了孩子们的创作才能。

2. **在理解能力方面。**

首先是理解他人情绪。在理解他人情绪的基础上,从而去关心帮助他人。刚开始进行下棋比赛的时候,孩子们常常会因为下棋时的规则和最后的输赢结果,吵得不可开交。因为各种各样的矛盾和纠纷,有些孩子会中途翻脸不下了,有些会吵着不承认输赢结果,有些会吵着让老师来评理,也有吵急了哭鼻子和动手的情形。在明确规则、遵守规则的基础上通过不断地下棋和评比受欢迎小棋手,孩子们在自身切实感受的基础上,学习体验他人的情绪感受,从而理解他人情绪,学习关心帮助他人。同时通过归因,了解到怎样才能成为一个受欢迎的小棋手,给自己树立一个努力的方向。

其二是理解他人观点。在合作设计棋谱的过程中,同伴间自然会在想法、观点上有不同的意见。要设计好一份棋谱,必须学习与同伴协商,解决设计过程中的种种问题。起初孩子们在设计中遇到不同的观点与想法时,都坚持己见,谁也不会向谁妥协。也不会用协商的方法尝试着去解决问题。在不断地和不同伙伴设计棋谱及评比受欢迎小设计手中,孩子们慢慢地学会了用一些方法解决设计中的问题。也慢慢学会了肯定、接纳他人的观点与想法了。同时也通过归因,了解到怎样才能成为一个受欢迎的小设计手。

整个主题活动下来,可以看到,孩子们在同伴交往中积极了很多,交往的过程也比以前和谐了很多。孩子们也逐渐从中了解到如何通过分享、合作、帮助、宽容、赞美等方法努力成为一个受欢迎的人。这样他们就会拥有更多的好朋友。

但活动中,有些地方还需努力。

(1)统计方面。

引用记录表记录孩子们每次两两对弈的下棋结果时,记录的只是每次谁赢的次数。如果能在记录谁赢次数的基础上,同时记录每次孩子自由选择下棋伙伴的名单,就能从中看出孩子交往的频率。类似于同伴提名法,对研究同伴关系可以提供有效的数据支持。

(2)评价方面。

在下棋和设计棋谱的评价过程,有些孩子还是存在一定的跟风现象和因个人喜好影响评价结果。

(3)进一步加强体验,并从中提升孩子的理解能力。

体验是理解的基础,有了体验还需要不断地强化,让孩子的理解能力有实质性的提升。

小班——俩俩关注

朋友车

倪慧芳　童　玲

一、主题实施背景

小班幼儿的交往活动主要是以平行和联合游戏为主,更多的幼儿处于独立游戏状态。

要培养小班幼儿的交往能力首先要促使小班幼儿与同伴进行交往,只有在与同伴的交往过程中,才能关注他人,学习一些基本的交往技能,交往规则,从而实现与他人友好交往的目标。如何在教学活动中有效地开展呢?一次,偶然的机会,我得到了一个很好的切入口。

一天,我带领孩子们玩呼啦圈,可是,临时发现呼啦圈数量不足,一人一个不够,于是我就让孩子们俩人一起来玩一个。孩子们想出各种玩法,有相互滚来滚去,有放在地上当圈跳等。其中有两个孩子将自己的身体同时套在一个呼啦圈里,学起开汽车的样子。这一情景吸引了其他的小朋友,纷纷效仿。见此情景,我觉得很有趣,就给他们取名为“朋友车”。“朋友车”好玩但不好开:有的“朋友车”因为当司机的孩子没有关注到后面的小朋友,只顾自己往前开,而“翻车”了;有的朋友车,因为两个司机,一个要往这儿,一个要往那儿,而寸步难行……虽然朋友车不好开,可是孩子们却乐此不疲,摔倒后爬起来,继续开。见这一情景,我想到:“朋友车”无形之中将两个幼儿联系在了一起,同时,开好“朋友车”,必然需要两位幼儿学会彼此关注,并产生相应的交流与沟通,进而相互协调,这样他们之间的交往不就有效地进行了吗?于是,借助开“朋友车”的游戏活动,开展了促进小班幼儿交往的主题活动《朋友车》。

二、主题活动总目标

1. 喜欢与同伴一起玩,产生积极的交往态度。

2. 关注同伴,有朋友意识,能初步感知同伴的需要、情绪。

3. 在出现问题时,初步学会与同伴交流、沟通,进而产生轮流、交换、礼貌等交往技能。

三、主题环境创设

1. “我们的朋友车”墙面:幼儿与自己的朋友坐同一辆“朋友车”的情景。

2. 一个“朋友大转盘”,贴上幼儿的照片。

四、主题活动过程

活动一:朋友大转盘

活动目标

转动大转盘,结交朋友,组成朋友车,体验有朋友的快乐。

活动准备

墙上创设“朋友车”情景、“朋友大转盘”一个、幼儿照片。

活动过程

1. “朋友车”激发交朋友的愿望。

2. 幼儿转动“朋友大转盘”。将自己的照片放在可以转动的指针上，然后转动指针，看看指针指着谁，谁就是自己的朋友。

3. 和自己的朋友拥抱，然后将各自的照片放入一辆朋友车中。

4. 欣赏全部入座的朋友车，看一看每一辆朋友车上的两个朋友分别是谁？

5. 玩“找朋友”的游戏，边唱歌边寻找自己的“朋友车”朋友，然后两人一起，套上呼啦圈组成一辆“朋友车”拍照留念。

活动分析

带有游戏情景的“朋友大转盘”激发了幼儿结交朋友的愿望，孩子们纷纷举手要求为自己转一个朋友。转到朋友后，非常开心地与朋友拥抱，然后一起坐进“朋友车”。每一个孩子都非常喜欢“朋友大转盘”，并且非常乐意、高兴地和大转盘转出来的小朋友做朋友。原本担心可能会出现有的孩子不愿意的情况，事实并没有出现。这说明小班幼儿对同伴偏爱还不敏感，同伴分化还未形成。同时，“朋友大转盘”帮助幼儿扩大了交往范围。

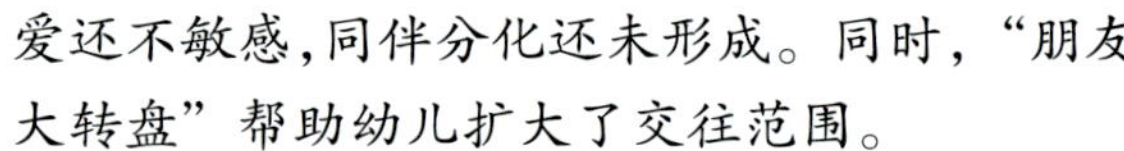

活动二：歌曲《朋友车》

活动目标

1. 学唱歌曲，学习与朋友配合共同演唱。

2. 激发朋友之间的友情，产生愉悦的情绪。

活动准备

呼啦圈（朋友车）。

活动过程

1. 欣赏墙面上的“朋友车”并讨论有关问题，熟悉歌词。

2. 教师演唱歌曲，幼儿欣赏。

说一说歌曲里唱了些什么？

3. 幼儿跟唱歌曲若干遍并尝试边唱边表演。

4. 和朋友一起来开“朋友车”边唱边表演。

活动分析

学唱歌曲《朋友车》，了解朋友车之间的角色关系，同时产生愉悦情绪。根据目标，歌词做了一定的改编，活动尽量采用有趣的游戏形式。活动轻松、愉快，游戏贯穿整个过程。

透过孩子们的脸庞，我感觉到朋友车果真给孩子们带来欢乐了，朋友即将成为他们快乐的源泉。

活动三：画画我俩的朋友车

活动目标

和朋友一起完成作品，增进朋友间的感情，学习初步的沟通技能。

活动准备

教师事先画好的朋友车图片、彩色纸、画笔。

活动过程

1. 幼儿和朋友共同用彩色纸装饰朋友车。

2. 在纸上画上自己和朋友，粘贴在“朋友车”里。

3. 和朋友一起介绍自己创作的朋友车，一起把朋友车开进停车场。

活动分析

和朋友一起粘贴，装扮俩人的朋友车。主要目的是创设幼儿在一起活动的机会，增进朋友间的互动和情感。但是活动没有较好地达成预定的目标，活动中孩子们你撕一张，我撕一张，然后粘贴在朋友车里，虽然是同一辆车，但看得出来孩子们依旧是自顾自，彼此之间缺少交流，也少有争执。朋友的情感似乎没有激发也没有表现出来。出现这样的情况，我们分析：一方面是因为小班幼儿的交往特点，另一方面和完成的任务内容有很大的关系。在老师已经准备好的色纸中拿取色纸撕贴，完成朋友车的装扮并不需要幼儿之间的相互协调和合作，因而，朋友之间就没有更多的交往，自然也谈不上朋友间情感的共鸣和培养。

事后，我们反思：创设一个能促进幼儿交往的情景并没有那么简单，不是将两个孩子“放”在一起就行了。怎样的活动内容能有效促使幼儿的相互交往，这需要我们的思考和实践。

能否与朋友进行恰当的身体碰触，影响着幼儿积极交往态度的形成。年龄小的幼儿更乐意通过彼此间直接的身体接触来感受、表达自己与他人的情感关系。身体的碰触能给同伴之间带来友好、亲密的感觉。同时也会因为碰触的不恰当，如过于用力、随意碰触等都会给同伴带来不愉快、消极的感觉，从而影响交往的积极性。因此，学会恰当的身体碰触方法对良好的交往态度的形成，有着积极的意义。

活动四：朋友车碰一碰

活动目标

1. 与朋友一起游戏，体验与朋友一起玩真快乐，喜欢朋友车。

2. 学习与同伴轻轻地碰触，体验同伴间的友好。

活动准备

1. 朋友车（呼啦圈）。

2. 已会唱歌曲《碰一碰》。

活动过程

1. 游戏《碰一碰》：听着音乐，边唱边和朋友车里的朋友相互碰一碰。教师适当引导。

2. 再和朋友车里的朋友“碰一碰”，说一说碰的感觉？

3. 和另一辆朋友车友好地碰一碰。

4. 结合日常生活，说说朋友间相互碰触的情况。

活动分析

游戏《碰一碰》给孩子们创设了朋友间身体碰触的学习机会，如何碰触、怎样才是友好的碰触，不同的碰触会给人带来不同的感受……幼儿在游戏实践和讨论反思中，逐步了解、体验并学习恰当的交往技能。

交往态度在幼儿能否与同伴友好交往中起着关键性的作用。调查表明，总是微笑的幼儿更容易获得同伴的接近和认可。认识微笑在交往中的重要作用，微笑地面对朋友，体验微笑带来的快乐是学习友好交往的第一步。

活动五：我对朋友笑一笑

活动目标

明白微笑能给彼此带来快乐，朋友间要相互微笑。

活动准备

图片、小熊。

活动过程

1. 倾听故事《孤独的小熊》。

2. 我对朋友微笑了吗？

展示孩子们一起玩的照片，寻找对朋友微笑的样子。鼓励幼儿多和朋友微笑。

3. 表演唱：

“笑一个吧，笑一个吧，朋友车里的好朋友，又唱歌呀，又跳舞呀，大家一起真快乐。”

积极的交往态度还需要用语言来表现。日常交往中，小班幼儿很少用言语来表达自己的想法和情感，因此，往往会出现沟通不顺畅、产生误会、冲突的情况。所以我们就引导幼儿用语言来表达自己的情感。

延伸活动：每天的“朋友悄悄话”时间。

每天的晨间，都有一个我们的“朋友悄悄话”时间。孩子们和自己朋友车的朋友互相拥抱，然后彼此说悄悄话。

从孩子们的话语中，真切地感受到孩子们对朋友表达的友好情感，不论是直接地“我喜欢你”还是间接地热情邀请朋友和自己一起玩。孩子们天生拥有一种愿意亲近他人，与他人交往、交朋友的倾向，这是一种非常好的情感与态度，我们要创设机会引导幼儿将这一情感主动地表达出来。主动向同伴表达自己的情感，可以帮助幼儿与同伴产生亲密感，建立良好的伙伴关系。同时，有利于幼儿同伴间信息的有效沟通，为幼儿今后的顺利交往、积极交往奠定良好基础。

活动六：朋友车出发啰（一）

活动目标

开朋友车，感知朋友车的特点。通过实践、分析、讨论，了解该如何开好朋友车。

活动准备

呼啦圈、安全车标志。

活动过程

1. 教师出示一个呼啦圈告诉幼儿，我们要来开朋友车。

2. 幼儿和朋友开上朋友车。自己商讨谁先做司机。

3. 幼儿和朋友开朋友车，教师观察朋友车开的情况。

4. 分析讨论开朋友车时出现的问题：朋友车为什么会翻倒？一个人开车为什么不会翻倒？

5. 请一辆朋友车（小兔子和叶子）上来示范，教师引导幼儿讨论。

6. 讨论：遇到朋友车开得太快怎么办？

7. 再次开朋友车，看一看，朋友车有没有变得安全起来，司机有没有想到身后的乘客，乘客能自己和司机商量解决发生的问题吗？比一比，哪一辆朋友车最安全，哪对朋友一起玩得最好。

活动分析

朋友车组建得很快，孩子们商量得都不错，很快达成一致。在一部分孩子的主动沟

通中，另一部分孩子也很大方，没有争执。个别幼儿还主动将司机先给朋友当，但也有个别组争当司机，一时没能顺利分好角色。这时我们就采用移情的方法，引导幼儿想一想自己的朋友，他的心情是怎样的？我们应该怎么做朋友才会高兴，同时引导他们看一看其他的朋友车。在我们的引导下，孩子们都乐意替朋友着想，放弃自己的利益，从而解决了问题。我想，首先这与我们之前的培养朋友之间的情感有很重要的关系，孩子们开始珍惜自己的朋友了。其次教师积极正面的引导，给幼儿树立模仿的榜样，使幼儿清楚地明白自己该如何做。

正如老师事先预想的一样，绝大多数的孩子在开朋友车时没有关注到身后的朋友，司机将朋友车开得飞快，朋友车接二连三地翻倒在地。老师及时捕捉到出现的问题，引导幼儿发现并寻找解决问题的方法。于是活动后的讨论非常有重要。老师将观察到的几个关键的问题抛给幼儿，这几个问题正是展现了幼儿缺乏关注同伴、缺乏与同伴交流沟通的意识和能力的现象。

初步讨论后，孩子们意识到朋友车的特点：只有两个朋友配合好了，才能开好朋友车。有了这样的意识，孩子们后一次开的情况比一开始好了许多。但是，孩子们兴奋起来又会出现前面的类似问题。这说明，小班幼儿容易忽略他人，需要教师的不断提醒和各种活动的不断强化，最终使得关注他人、关注同伴成为一种自觉的意识。

活动七：朋友车出发啰（二）

活动目标

运用积极的经验，有意识地关注同伴、与同伴配合、协调，主动与朋友沟通，开好朋友车。

活动准备

安全标志。

活动过程

1. 出示安全标志，激发幼儿开安全的朋友车。
2. 回忆积极有益的经验：怎么才是一辆好的朋友车？
3. 开朋友车。
4. 分享开朋友车的过程。说一说开朋友车快乐吗？有没有发生什么？该怎么办呢？
5. 给安全的朋友车挂上安全标志。

活动分析

第二次开朋友车明显比第一次要好得多。孩子们的协调、配合意识增强了许多，开始与同伴主动交流、沟通。

“安全车”小标记的设计，主要目的是督促并时刻提醒幼儿关注开好朋友车，有意识地与朋友配合、协调、沟通，从而能够开好朋友车，产生成功的喜悦。

观察游戏，我发现一些孩子自发玩起一些倒车、转弯、加油、去哪里玩等游戏情景，在这

样的游戏情景下，会产生更多的朋友间的相互沟通。想到这儿，我决定将朋友车的游戏区域扩大、内容丰富起来。

活动八：朋友车出发啰（三）

活动目标

会在各个游戏区域中玩，在游戏中学习与朋友交流，共同商量去处（讨论游戏的内容）。

活动准备

模拟情景：加油站、红绿灯、停车场、超市、动物园、印章等。

活动过程

1. 介绍游戏的模拟情景，初步对各个情景进行相关的讨论。

2. 引导幼儿开着朋友车可以行驶过各个区域。说一说自己和朋友去各个区域可以干什么？

3. 幼儿和朋友开朋友车去各个区域玩。教师扮演马路上的交通信号灯，鼓励幼儿遵守交通规则。

4. 游戏后的分享交流。

说一说自己的朋友车去了哪些地方？和朋友商量过吗？

活动分析

第三次开朋友车我们增加了一些游戏的内容。目的就是促使朋友间有更多的交往，获得交往的技能和乐趣。

我们将游戏情景扩大，模拟设置了商店、加油站、停车场、饭店等，分布在幼儿园、班级的各处，路面上有台阶、有弯道等情况。首先，朋友车可以行驶到各处，但要安全地行驶，朋友间需要有更为密切的配合和协调。其次，朋友车要去哪里，需要幼儿之间有商有量，游戏情节使得幼儿自然而然产生更多的交往。我作为司机参与游戏，将引导和教育隐形化。

除了专门的交往活动之外，日常亦有许多的同伴交往机会，在日常生活中有意识地开展交往活动。小班幼儿的交往大多数是因为物品而产生的，因此，我们就充分利用物品促使幼儿交往。在活动中设置一些规则：一起做“工作”是做同一份工作、一起画画是画同一幅画、一起玩是玩同一个球、一起看书是看同一本书等等。物品将两位幼儿联系在了一起，围绕物品自然而然产生交互行为，如一起玩一只球，自然会有谁先玩、谁后玩、怎么一起玩、发生问题了怎么办等情况出现，经历这些过程，就是幼儿的同伴交往过程，从中蕴含了沟通、谦让、分享等交往技能。“我和朋友一起玩”的交往活动渗透在日常活动的各个环节，反复进行多次。教师细致观察每个幼儿及每一对朋友的交往情况，进行有针对性的分析与引导。

活动九：我和朋友一起玩（一）

活动目标

与朋友一起玩，积累与朋友一起玩的经验。

活动准备

1. 已画有轮廓线的图画，供幼儿和朋友涂色装饰。

2. 各种“工作”书。

活动过程

1. 初步了解朋友可以怎样一起玩。

讨论：一件玩具两个朋友可以怎么玩？

2. 我和朋友一起玩。

（1）幼儿和朋友一起玩，玩之前先与朋友商讨玩什么？

（2）幼儿和朋友一起玩共同选择的玩具。

教师细致观察每一对朋友的商讨与玩的情况。

3. 分享“我和朋友一起玩”的情况。

（1）说一说自己和朋友一起玩了什么？是怎么一起玩的？

（2）玩的时候，开心吗？

4. 幼儿再一次和朋友一起玩。教师鼓励幼儿和朋友不分开，和朋友分享玩具、互相帮助。

5. 评价：朋友车上张贴红五星。

给会一起玩、不分开，会和朋友分享玩具、互相帮助的朋友奖励五角星。讲一讲和朋友一起玩的心情、感受。

活动分析

根据小班幼儿的发展水平，小班的一起玩指的是幼儿在玩的过程中，围绕玩的内容有初步的交流和沟通，而后产生关心、分享、帮助等较好的交往行为。雯雯和杨文韬、叶子和小兔子这两对朋友能一起玩，并且表现出良好的交往技能；小宝和烨烨、晶晶和小羽因为玩具发生争执，有交往，但是缺乏良好的交往技能；飞飞和咪咪、洋洋和帅帅则处于平行游戏状态，朋友间交往较少。

针对种种情况，教师如何引导呢？分析原因：一方面孩子们的交往水平存在着差异，需要老师进行相应的指导；另一方面与玩的内容本身有一定的关系。有些活动内容能相对有效地将朋友“联系”，如一起叠一座套塔；有些活动则相对独立，幼儿出现了平行游戏，如一起画画。通过反思，我们决定将一幅画一分为二，分别由两位朋友共同完成，引导幼儿在装扮的颜色上进行一定沟通，然后合二为一成为一幅完整的作品。

因此，创设一些有相互关联的内容，促使幼儿交往，非常重要。同时运用积极正面的榜样、鼓励表扬的方式，引导幼儿学会关心、帮助、分享等良好的交往技能。

活动十：三个朋友（故事）

活动目标

1. 通过故事了解朋友是在一起的、应该分享玩具、互相帮助的。

2. 产生友好相处的愿望。

活动准备

图片。

活动过程

1. 欣赏故事。

提问：故事里的朋友们是谁？ 朋友们在一起做什么？

2. 结合图片欣赏故事。

提问：朋友应该怎么样？

3. 教师总结并结合昨天小朋友一起玩的情况鼓励小朋友。

4. 请个别小朋友说一说自己和朋友怎么一起玩的。

活动分析

针对昨天孩子们一起玩的情况，及时利用故事帮助幼儿了解朋友相处应该是怎样的。“互相帮助”、“分享”、“在一起”几个关键词幼儿了解并记住了。

创设更多的同伴交往机会，使幼儿不断积累交往经验，学习分享、轮流、礼貌和谦让，并在交往过程中尝试运用积极有益的经验，获得交往的成功感和快乐感。于是，我们将日常的每一天的区角活动、户外活动、自由活动都创设为和朋友一起玩的情景。

五、主题反思

1. 情景互动。

幼儿交往能力的培养同样需要有具体可操作的载体，那就是能促使幼儿有效互动的交往平台，即交往情境。一个真实的、能产生交互作用、交往体验、认知冲突的可以实践操作交往情景，才能促进幼儿交往，引发幼儿使用交往策略，从而获得交往技能。朋友车就是根据小班幼儿的交往特点而创设的交往情景。

2. 冲突推动。

真实的交往情景自然会产生各种交往体验，其中就有交往冲突。将交往冲突作为开展教育的契机，将解决冲突的过程作为幼儿行为改变、同伴交往技能获得的过程。如"朋友车"交往情境中，大家都想当司机、谁也不让谁，结果游戏玩不了；因为没有关注朋友，朋友摔跤了；因为不愿意分享玩具，朋友生气走了等等交往中出现的问题，都是幼儿的真实体验、并触动到了他们的内心深处。于是，学会如何与朋友相处成为了孩子们的一种主动需求。学会分享、学会轮流、等待、学会互相帮助就成为了自然而然的事情。

3. 总结归纳。

交往经验需要总结归纳，进行梳理，便于幼儿进一步运用。如何解决矛盾，我们不是直接给予幼儿答案，而是引导幼儿对矛盾冲突进行分析、对自我的行为进行反思，将各种经验进行分享交流，归纳总结，特别是正面、积极、有效的交往经验。同时结合文学作品的渲染和启发，幼儿有更深刻的认识和体验。对积极有益的交往经验的归纳，有利于幼儿在后续的交往情景中进行运用，提高交往能力。

4. 经验运用。

整个主题进行中我们非常关注每一个幼儿在主题进行中的种种表现。注重活动过程中幼儿的行为发展变化，注重幼儿的经历、感受和经验的积累。除了经验的归纳总结，特别注重有益的经验的再次实践。在实践中积累经验、经验指导实践、实践再次获得更多的经验，在循环往复中，幼儿交往技能、良好社会性品质最终内化，成为一种能力。

主题虽然告一段落，但是幼儿的交往没有结束，我们希望幼儿结交其他的朋友，扩大交往范围，在和不同的朋友交往中获得更丰富的交往经验。在日常活动中，我们的大转盘还会不停转动起来，为幼儿结交一个又一个朋友，创设出一个又一个交往机会。让我们的孩子喜欢交往、拥有良好的交往技能。

朋友家

赵 娜（整理） 来奇芳

一、主题实施背景

众多研究表明：同伴交往是幼儿成长过程中的重要内容，是幼儿维持心理健康的重要条件，也是幼儿获得心理健康的必要途径。同伴之间的社会互动可以为其提供大量的了解他人观点和协调自己与别人的观点的机会，促进幼儿去自我中心和观点采择能力的发展。同伴关系融洽是幼儿心理健康的标志之一。另有研究表明：4~6岁是同伴交往关系形成和发展的关键期，并且幼儿的交往能力是随年龄增长而逐渐提高的，小班到中班时期出现一个加速期，中班到大班有缓慢提高趋势，但增长速度不明显。可见，小班阶段是幼儿同伴交往的关键期。另外，在我园对小中大不同年龄阶段幼儿的同伴关系的调查和研究中发现：小班幼儿的同伴关系特点是交往范围比较小，交往对象比较平均，对同伴关系没有形成集中的偏爱或拒绝，同伴地位分化很小。在此关键期内重视幼儿的同伴交往是非常重要的，适时有效地开展促进小班幼儿同伴交往的主题活动也是非常有必要的。

那么如何促进小班幼儿的同伴交往呢？在一次幼儿两两结伴玩区角活动的过程中我们发现一个很好的切入点，有两个孩子在一起玩套娃，由于套娃是由一组大小不同的娃娃组成，最少的有5组，多的则有10多组，能一个一个套起来，要成功地将套娃套起来，必须根据套娃的大小，从小到大套才能最终完成，如果两个人一起玩的话，必须要关注到对方，通过交流、配合、妥协，最终才能一起完成。另外，套娃本身具有很高的教育价值，孩子可以对套娃进行大小的配对、点数套娃的数量、按一定的顺序排列套娃（从小到大或从大到小）、从小到大套套娃等，这些活动都非常适合小班年龄阶段的孩子。两个人操作套娃不仅提高了同伴交往能力，同时也掌握操作套娃的基本方法，提高了解决问题的能力。鉴于以上原因，我们在班级开展《朋友家》的主题活动。

二、主题活动总目标

1. 喜欢与同伴一起玩，对同伴产生情感上的依赖。

2. 关注同伴，有朋友意识，感知朋友的需要、情绪。

3. 掌握套娃的操作方法，能正确对套娃进行点数、配对、排列等。

4. 在出现问题时，初步学会与同伴交流、沟通，进而学会轮流、交换、配合等交往技能。

三、主题环境创设

“朋友家”墙面：幼儿与自己的“朋友家”的朋友共同住在一幢房子里的情景。一个“朋友大转盘”，供孩子转动指针寻找自己的朋友。

四、主题活动过程

活动一：朋友大转盘

活动目标

1. 通过转动大转盘，找到自己的朋友，共同住进“朋友家”里。

2. 愿意与同伴成为朋友，体验有朋友的快乐。

活动准备

墙上创设我们的“朋友家”情景，“朋友大转盘”一个、幼儿照片。

活动过程

1. 出示 “朋友家”，引出结交朋友。

2. 游戏“朋友大转盘”，找到自己的朋友。

（1）教师讲解游戏规则。

（2）幼儿转动大转盘，找到朋友。

3. 朋友相互拥抱并将两人的照片贴到朋友家里。

4. 欣赏全部住进朋友的“朋友家”，说一说，谁和谁是朋友。

活动分析

在活动中，孩子们饶有兴趣地转动指针，欣喜地交到朋友，友好地拥抱，并一同将照片放入朋友家。可见，我们活动之前的思考是必要的。通过朋友大转盘，孩子们随机地交到了朋友。一个简单的游戏活动为接下来的主题活动奠定良好的基础。

活动二：有个朋友真好

活动目标

1. 理解故事的大致内容，知道有个朋友真好。

2. 感受有朋友的快乐，增进对朋友的喜爱。

活动准备

故事图片。

活动过程

1. 出示故事图片“小兔独自在家”，引出故事。

提问：小兔在家里干什么呢？她的心情怎么样？她为什么不高兴呢？

2. 欣赏故事《有个朋友真好》一遍，结合图片理解故事内容。

3. 拥抱自己的朋友，并说一说“有个朋友真好”，感受有朋友的快乐。

4. 音乐游戏《碰一碰》。

跟随音乐和朋友一起做身体接触动作，进一步体会有个朋友的快乐。

活动分析

故事《有个朋友真好》主要反映有朋友是一件很快乐的事，故事中简单的人物和情节适合小班的幼儿阅读和欣赏，通过对故事的欣赏和理解，孩子对于自己的朋友有了一定的认

同，纷纷表达出“有个朋友真好”的心声。故事对于小年龄的孩子来说是一种很好的学习方式，他们会将故事中的情境真实化，全身心地投入故事的情境中，因此在活动结束后，孩子们跟自己的朋友关系更加密切了。

活动三：画画我们的朋友家

活动目标

1. 喜欢和同伴一起活动，愿意和同伴一起完成任务。

2. 尝试与同伴进行初步的沟通。

活动准备

油画棒、朋友家图。

活动过程

1. 出示朋友家图片，引起幼儿兴趣。

2. 和朋友一起用油画棒共同装饰朋友家。

3. 和朋友一起介绍自己创作的朋友家，用完整的话介绍“这是我们一起装饰的朋友家。”

4. 将装饰完成的朋友家挂到墙上，供孩子欣赏 。

活动分析

在和朋友一起装饰朋友家的过程中，我们发现有几对朋友采用了商量的策略，比如屋顶、窗户、墙壁用什么颜色等，出乎老师预设之外的是，在活动中孩子自然而然流露出了初级的交流和沟通 。当然也有几对朋友看似在一起装饰房子，但是相互之间缺乏交流，处于你画你的，我画我的，互不相干的状态。从这里也可以看出孩子的同伴交往能力是有差距的，要加强个别教育。

活动四：制作朋友家的门牌号

活动目标

1. 尝试与同伴分工，共同完成朋友家的门牌号，对数字有初步的感知。

2. 喜欢和朋友在一起，体会有朋友一起玩的快乐。

活动准备

数字图片。

活动过程

1. 谈话引出制作门牌号。

2. 提供有数字的卡片，请幼儿分工共同制作门牌号。

3. 幼儿将共同完成的门牌号贴到自己的朋友家上，并向同伴介绍自己朋友家的门牌号以及欣赏其他朋友家的门牌号。

活动分析

在活动之前其实我们就有顾虑是否有必要开展这个活动，这个活动开展的价值在哪里，幼儿真正能获得什么？但是在活动进行过

程中以及活动结束后，我们豁然轻松，孩子们在活动中对于完成这个任务有很大的兴趣，为了这个共同的任务，他们进行了分工，进行了交流。当别人提出意见时，他学会赞同。当发现别人也想画的时候，他选择妥协。当发现不足时，他学会提出自己的意见。另外在最后相互介绍的过程中，孩子们不仅对数字有了一定的认识，同时也增进了对朋友的情感。

活动五：画画我的朋友

活动目标

1. 关注自己的同伴，了解同伴的外貌特征。
2. 用绘画的方式进行记录。

活动准备

纸、笔。

活动过程

1. 直接布置任务。
2. 幼儿结伴作画，教师巡回指导。引导幼儿从发型、五官、服饰等方面进行观察。
3. 在集体面前介绍自己所画的朋友。
4. 将朋友剪下来贴到朋友家里。

活动分析

在幼儿作画的过程中，朋友之间也在不断地进行交流，同时，在观察的过程中，对朋友有了更多的了解。当然，限于孩子的绘画技能贫乏，孩子最终呈现的作品不是那么的完美，但是通过绘画，孩子们对自己的朋友有了更多的认识。

活动六：我和朋友玩套娃（一）

活动目标

1. 尝试和同伴一起玩套娃，感知套娃的形状、材质、数量。
2. 探究两个人一起玩套娃的方法。

活动准备

每对朋友一份套娃（4组）。

活动过程

1. 出示并介绍套娃，引起幼儿和朋友一起玩套娃的活动兴趣。
2. 幼儿和朋友一起玩套娃。数一数套娃的数量、看看套娃的形状和图案、玩一玩套娃。
3. 交流玩套娃过程中出现的问题。
4. 请一对完成较好的朋友上来示范。
5. 分析总结两个人玩套娃的经验。
6. 再次和朋友一起玩套娃。

活动分析

这个活动所呈现的是原始状态下的两个人玩套娃的情况，主要出现了三种类型：第一种是由一个人来完成，另一个人在一旁观看，没有参与。第二种是两个人你争我抢，无法完成。第三种就是两个人有了一定的合作，属于最高水平。总体来说第三种类型比较少，但是在集体交流和讨论过后，再次和朋友们玩套娃时孩子们学习了第三种类型的方法，能真正地在一起玩，且相互之间关系更加融洽。

活动七：比一比（一）

活动目标

1. 通过比赛，探索出玩套娃以及两个人配合的方法。

2．在玩套娃的过程中，能与同伴进行交流、协商、合作。

活动准备

合适数量的套娃。

活动过程

1．直接引题。

教师：昨天，我们已经和朋友一起玩过套娃了，今天我们来比一比，看看哪个朋友家的朋友玩得又快又好。

2．介绍比赛规则

教师：请小朋友先将套娃全部拆散，放在桌上，听到口令后开始。必须两个人一起玩。

3．幼儿和朋友一起进行套娃比赛。

4．集体进行讨论和分析

5．请一对好朋友表演。

6．再次和朋友一起玩套娃

活动分析

在比赛过程中，孩子们很投入，有些甚至有点紧张。其中有一对朋友以20秒的成绩得了第一名。这个速度也是我先前没有想到的，毕竟他们是小班的幼儿，但是同时也让我重新认识到孩子的潜能是很大的。

活动八：我和朋友玩套娃（二）

活动目标

1．在掌握一些玩套娃（4组）方法的基础上，继续玩套娃（7组），继续探索玩套娃的方法。

2．同伴进行交流、商量、协调，感知同伴的需要、情绪。

活动准备

7组的套娃。

活动过程

1．出示7组套娃，提出任务。

2．幼儿和朋友一起玩套娃（7组）。

3．集体讨论和分析玩7组套娃的过程中发现的问题。

4．再次和朋友一起玩套娃。

活动分析

刚接触7组的套娃，孩子们明显遇到了困难，后来增加的3组套娃比较小，幼儿在操作的过程中容易弄丢，另外一下子增加3组，孩子们一下子无法分辨出应该先套哪个后套哪个，整个过程比较混乱。但是经过集体讨论后，孩子们能尝试着先给套娃排排队，然后再套，效率明显提高。

活动九：比一比（二）

活动目标

1．通过比赛进一步探究玩套娃的方法。

2．提高两个人的协同合作能力。

活动准备

7组的套娃。

活动过程

1．任务引出。

教师：今天我们还要来比赛，看看哪个朋友家的朋友能又快又好地完成任务。

2．教师讲解比赛规则。

3．幼儿和朋友一起进行套娃比赛。

4．集体讨论和交流。

5．再次和朋友一起玩套娃。

活动分析

当主题进行到这里时，我们发现朋友家的朋友关系已经比较密切了，那么我们打算进行交换朋友。仍然采用了《朋友大转盘》交换朋友。

孩子们已经基本掌握了玩套娃的方法，因此我们想借助套娃，扩大孩子的交往范围，进而帮助幼儿形成良好的同伴关系网。在集体中有归属感、充满自信。我们想在区角活动时间或者其他时间请孩子们和新朋友一起玩套娃，在玩套娃的过程中增进了解、沟通，在不断的实践中提高交往能力。等到这一对朋友关系达到一定的程度时，再交换朋友，进而扩大孩子的交往范围，争取能多交朋友。在最初与新朋友一起玩套娃的时候，孩子们还是有些不协调的，因为两个人之间缺乏足够的了解，但是几次活动下来，两个人的关系有了明显的改善。

五、主题反思

《朋友家》以《朋友车》作为借鉴，选择套娃作为媒介，促进幼儿的同伴交往。整个主题分成四个阶段：1. 结交朋友。通过《朋友大转盘》让幼儿随机地两两成为朋友。2. 和朋友一起参加各种活动，逐渐喜欢自己的朋友。通过《画画我的朋友》、《画画我的朋友家》、《制作门牌号》等活动，让朋友之间产生感情，喜欢自己的朋友。3. 在同伴之间建立一定的情感基础上，借助我和朋友一起玩套娃活动提高幼儿的同伴交往能力。他们能进行分工、协商、配合，两人共同完成任务。4. 在掌握了玩套娃方法的基础上，扩大同伴交往的范围，以帮助幼儿提高交往能力，进而形成良好的同伴关系网。

整个主题就是根据以上四个阶段来开展的，另外也结合了日常生活中的各类活动，比如我和朋友玩球、我和朋友开朋友车、我和朋友一起玩区角等活动。在开展的过程中我们有欣慰也有困惑，欣慰的是看到了孩子们在这个主题中的成长，比如平时性格内向的乐乐因为有了朋友，能主动和朋友一起在集体面前表演，并且在日常生活中也越来越自信了。同时，我们也发现小班幼儿已经能进行合作，但是合作的项目比较局限。另外，在主题活动进行之后，明显地感受到班级的氛围更加融洽了，当发现问题时，孩子们尝试着沟通，而不是一味的生气或是告状；说起自己的好朋友，口若悬河，头头是道，脸上充满着欢喜。困惑的是，在整个主题开展的过程中，“感知朋友的需要和情绪”这方面的内容做得不够深入，有待于提高。

E
耐 心 篇
NAI XIN PIAN
Q

服装工作坊

赵丽平（整理） 吴思艳

一、主题实施背景

“耐心是可以培养的，正如肌肉是可以锻炼的一样”，只要我们运用好“耐心”，耐心就会给我们带来很多的快乐和收获，幼儿遇到问题会情绪暴躁、会大声吼叫、会急躁着去做、会表现得很不友善等，这些都是不耐心的表现……

投放在美工区的无纺布吸引了孩子，喜欢设计各种款式的衣服和制作小衣服，一做就是很长时间，在制作过程中是多么专注，于是我们就开始了“服装工作坊”的主题，让每个孩子设计喜欢的服装，并用漂亮无纺布，通过穿针、打结、简单的缝制等活动，让孩子在创造、感受美的同时，使手部小肌肉得到锻炼，提高手的灵活性与精确性，在整个活动中逐渐培养孩子耐心的好品质，体验耐心完成一件事情后的成功感。

二、主题环境创设

区角和墙饰：

1. 主题区：展示各种特色服装，激发幼儿制作衣服的兴趣。

2. 耐心区：提供针、线、布、纽扣等，学习穿针、打结、缝纽扣。

3. 美工区：提供无纺布、针线和各种装饰材料，学习制作娃娃衣服。

4. 数学区：提供皮尺等，学习用正确的方法测量衣服

5. 角色区：创设“服装工作坊”区域，进行买卖游戏。

家长工作：

1. 收集各种各样的服装图片，激发幼儿对制作服装的兴趣。

2. 家长陪同孩子一起完成一件服装，积极鼓励孩子参与、培养孩子的耐心。

3. 请家长在家提供一些耐心活动：如剥瓜子、挑豆子、下围棋、绣十字绣等，培养幼儿的耐心。

三、主题活动总目标

1. 通过参观裁缝店，欣赏各种各样的服装，激发幼儿对制作衣服的兴趣。

2. 初步尝试自制服装，学习穿针、打结、缝纽扣、缝衣服和用材料精加工服装，培养耐心。

3. 能坚持完成任务，学习控制情绪。

四、主题活动过程

活动一：绘本《我家漂亮的尺子》

活动目标

1. 欣赏绘本，理解故事的内容，知道制作服装前要测量。

2. 布置任务，激发幼儿对制作衣服的兴趣。

活动准备

绘本，皮尺等。

活动过程

1. 教师提问，引出绘本——《我家漂亮的尺子》。

你们知道我们身上穿的漂亮衣服是怎么制作的吗？

2. 欣赏绘本，激发幼儿对制作衣服的兴趣。

（1）完整地欣赏一遍绘本。

（2）提问：妈妈是怎么制作衣服的？需要用什么材料？如何进行测量的？

3. 布置任务。

服装工作坊开张啦！都要做一些什么准备和事情？

活动分析

孩子对制作衣服的生活经验比较欠缺，通过欣赏绘本，让幼儿了解了制作衣服的方法，知道制作衣服也不是那么难，通过任务布置，为接下来的活动预热。

活动二：欣赏各种服装

活动目标

1. 通过欣赏各种服装的图片，了解服装的种类，激发制作衣服的兴趣。

2. 学习设计各种各样的服装，体验快乐。

活动准备

服装图片、纸、笔。

活动过程

1. 欣赏PPT，了解服装的各种款式。

2. 回忆服装的款式，了解服装设计的要素，幼儿自由交流。

3. 幼儿设计服装，教师巡回指导。

4. 展示和交流作品。

活动分析

通过欣赏，孩子对设计服装兴趣更浓了，女孩子喜欢美美的公主裙，男孩子喜欢酷酷的盔甲和燕尾服，孩子们根据自己的喜好，设计了各种款式的服装。

活动三：参观裁缝店

活动目标

1. 通过参观裁缝店，了解制作衣服的流程。
2. 通过观看，知道用正确的方法进行测量。

活动准备

联系裁缝店。

活动过程

1. 谈话引出，激发幼儿兴趣。
2. 观看裁缝制作衣服。

提问：制作衣服需要什么材料？制作之前需要做什么准备？（测量）

3. 小结。

原来制作衣服的流程是：设计款式—测量—打版—裁剪—缝制—装饰。

活动分析

通过现场参观制作衣服，幼儿更清楚地知道制作衣服的流程，积累了一定的生活经验。在观看的过程中，孩子能把自己的困惑大胆地向裁缝师提问，进行了有效的互动。

活动四：穿针引线

活动目标

1. 学习用正确的方法练习穿针、打结等技巧，培养幼儿的精细动作能力。
2. 在为娃娃制作衣服的尝试中，培养孩子的耐心。

活动准备

针、线。

活动过程

1. 布置任务：

为娃娃制作小衣服。

2. 学习穿针、打结的正确方法，培养耐心。

（1）教师示范动作，幼儿学习。

（2）幼儿练习、教师指导。

3. 小结。

活动分析

创设给娃娃制作衣服的情景，激发幼儿动手操作的兴趣，调动了孩子的主动性，而不是枯燥、机械地练习。对于大班孩子，穿针、打结有一定的难度，孩子们在一次又一次的尝试中，不怕困难，耐心地完成。

活动五：缝纽扣

活动目标

1. 复习穿针、打结的方法，学习如何缝纽扣的技能。
2. 在为娃娃制作衣服的尝试中，培养幼儿耐心、坚持的品质。

活动准备

裁好版的小衣服、针、线、纽扣等。

活动过程

1. 回忆、复习穿针、打结的技能。
2. 学习用正确的方法缝纽扣，培养耐心。

（1）看图谱的步骤，教师示范。

（2）幼儿练习，教师个别指导。

3. 缝制娃娃衣服。

将前后两片布缝合起来，简单地完成娃娃

衣服。

4. 展示作品，体验成功感。

活动分析

有了穿针、打结的经验，再开始学习缝纽扣的技能，教师提供了缝纽扣的步骤图，让幼儿更清楚具体方法，孩子能很安静、耐心地完成。

活动六：测量我们的衣服

活动目标

1. 通过两两合作，用正确的测量方法测量身体的三围，并进行记录。

2. 在合作中，培养孩子的耐心。

活动准备

自己的衣服、皮尺，记录单。

活动过程

1. 谈话引出。

2. 两两合作、学习用正确的方法测量衣服，学会耐心地等待和测量。

（1）两两合作测量衣服的肩宽、衣长、胸围等，并学习记录测量的结果。

（2）教师个别指导，检查幼儿测量是否准确。

3. 幼儿交流，教师总结。

活动分析

孩子们尝试过两两合作测量同伴肩宽，但由于孩子的能力有限，测量出来的准确性比较低，之后让孩子从家里带来自己的衣服作为模版，测量准确性较高，孩子基本能准确地进行测量，并做好记录，但仍有部分孩子没有掌握正确的方法，教师需要个别指导。

活动七：服装打版

活动目标

1. 根据每个人设计的服装款式以及测量的尺寸进行打版，学习按尺寸和款式画出衣样。

2. 在打版的过程中，培养幼儿的坚持和耐心。

活动准备

无纺布、皮尺、画粉、图纸和测量记录表。

活动过程

1. 通过设计图纸和测量记录表，选择无纺布进行打版。

2. 幼儿自主地进行打版，教师个别指导。

3. 小结。

活动分析

从服装打版开始，孩子们真正地开始制作衣服，孩子的兴趣很高。由于打版的难度比较大，教师的指导主要以个别指导为主，在这过程中，孩子能参考测量记录表进行打版，学习了前后两片布对折、再用画粉做记号的基本方法。

活动八：服装裁剪

活动目标

1. 根据每个人衣样大小进行裁剪，学习将布对折沿着衣样线条裁剪。

2. 在制作的过程中，培养孩子的耐心。

活动准备

打版的衣服、剪刀等。

活动过程

1. 回忆昨天制作衣服的过程，引出提问。

昨天我们的小裁缝师很有耐心地进行了打版，接下来我们要做什么呢？

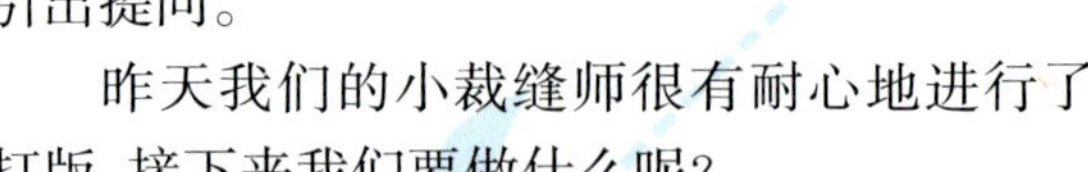

2. 根据记号，耐心地进行裁剪。

幼儿操作、教师指导。

3. 分类摆放，并做标记。

活动分析

在本活动中，孩子们很有耐心并小心翼翼地对服装进行裁剪，在裁剪的过程中，很多小朋友能相互合作帮助别人固定衣服，以便其他小朋友更好地裁剪。

活动九：服装缝制

活动目标

1. 布料裁剪成了几部分，学习根据每个人款式的不同进行简单缝制。

2. 在制作的过程中，培养孩子的耐心。

活动准备

针、线、裁好的衣服等。

活动过程

1. 回忆昨天的制作，引出问题，复习缝合的技巧。

2. 幼儿根据标记，进行衣服缝合，培养耐心。

幼儿操作、教师个别指导。

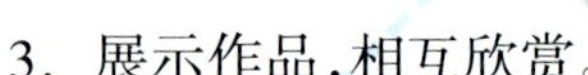

3. 展示作品，相互欣赏。

4. 小结。

活动分析

在这一次的缝合中，孩子缝制的技能也有所提高，很多小朋友花了一两个小时才完成缝合，但从头到尾没有离开过，没有抱怨过，很有耐心地完成了作品。

活动十：服装装饰

活动目标

1. 幼儿根据缝制好的衣服进行富有个性的

装饰，可以运用纽扣、花边或纱布进行装饰。

2. 在制作的过程中，培养孩子的耐心。

活动准备

花边、珠子、亮片、纽扣、羽毛等辅料，针线等。

活动过程

1. 谈话引出。

2. 教师出示各种各样的辅料，并进行简单介绍。

3. 幼儿进行装饰，教师指导。

4. 展示作品，相互欣赏。

活动分析

漂亮的辅料吸引了孩子，孩子自主地选择，进行装饰，孩子从中运用了粘贴、折贴花边、缝等技能，让自己设计的服装越来越美。在制作的过程中体验到了快乐，提高了审美能力，培养了耐心。

活动十一：服装秀（A/B）

活动目标

1. 学习跟着有节奏的音乐走模特步，并有亮相的动作；体验模特走秀的快乐和满足感。

2. 在等待的过程中，培养耐心。

活动准备

音乐、服装秀视频。

活动过程

1. 观看视频，欣赏服装秀。

2. 跟着音乐节奏走步。

（1）第一遍，跟着音乐节奏表现自己。

（2）第二遍，两个或几个模特一起走步，摆动作。

3. 分组表演，并评价。

活动分析

在观看完走秀的视频后，孩子的兴趣不高，只有个别孩子愿意尝试，教师让愿意表演的小朋友继续表演，鼓励其他孩子观看之后进行模仿和表现。孩子的自信更强了，听着音乐很有节奏地进行走步和摆动作。

活动十二：全园联动展示活动——服装工作坊

活动目标

1. 分配任务，知道自己的工作，培养幼儿的耐心。

2. 学习用礼貌的语言进行介绍，培养幼儿的交往技巧。

活动过程

1. 分配角色，知道自己的任务。

2. 幼儿介绍、表演。
3. 进行评价。

活动分析

在展示活动中,孩子的工作热情很高,在表演走秀的时候,孩子们的精彩表演赢得了参观人员的掌声,在制作娃娃衣服的区域,工作人员能很有耐心地进行介绍和指导。

五、主题活动反思

1. 让幼儿参与小裁缝的活动,培养幼儿耐心品质。

幼儿的耐心是需要培养的,并在不断练习中潜移默化地改变着的。但孩子们不喜欢在枯燥、机械的练习中培养耐心。“服装工作坊”的开张激发了幼儿的兴趣,教师设计在有情境的氛围中,让幼儿自然地融入到小裁缝师的角色中去。将近一个月的服装工作坊活动中,孩子们丝毫没有倦怠的情绪,孩子们成就感十足,经过一个又一个的耐心活动,孩子们的耐心时间不断地增加着,并在活动外表现了更多的耐心行为。

2. 在区域中投放多样材料,引发孩子制作服装的乐趣。

将全园联动“耐心”主题和区域活动有效地结合,让幼儿自发地进行游戏。在美工区:提供针、线、各种颜色的无纺布、装饰材料,让幼儿学习穿针、打结、缝纽扣和制作娃娃衣服、儿童服装,培养耐心和精细动作能力。在数学区:利用皮尺等测量工具,测量衣服的衣长、胸围、腰围大小等;对要出租或制作的衣服进行标价;在银行,提供不同面值的代币券,顾客到银行取钱,银行工作人员根据每个人的取钱、存钱多少用数字进行记录,取钱、存钱的用不同的颜色笔记录区分,进行简单的统计。在角色区:顾客到服装工作坊制作衣服或租衣服进行买卖游戏,并进行钱币的加减运算。表演区:提供“服装秀”的舞台,让顾客观看,激发顾客光顾服装店。

3. 耐心渗透于一日生活。

耐心的培养是长期的,是一点一滴渗透的。用无纺布制作衣服是一项需要很大耐心的工作,需要安静、不急躁、坚持到底等良好的品质,在制作进行中,我们看到了孩子从不会坚持到坚持到底、从发脾气到耐心地安慰同伴、从缝一半就去玩游戏到耐心地完成任务等。孩子们在这过程中学会了如何耐心地做事,耐心的品质得到进一步的提升,为孩子以后自主、耐心地解决问题打下了基础。

创意自画像

杭月明　周洁芳

一、主题背景

幼儿园的大厅里挂着很多好玩的自画像，跟孩子们的身高差不多，每次带着他们逛到那边，他们都会情不自禁地摸摸、比比身高、动手画画，对它们表达出了较浓厚的兴趣。进入大班下学期，孩子们似乎更加明确地发现自己与别人长得不一样，对自己和同伴的五官、身体动作特征非常感兴趣。我们想，让孩子自己动手画画自己，画属于自己的有特色的自画像，于是在全园的《耐心》主题活动中，我们设计了《创意自画像》活动。

二、主题活动总目标

1. 引导幼儿认识到自己和别人是不一样的个体，画和别人不一样的自画像。

2. 鼓励幼儿发挥想象，尝试用夸张、非主流的表现手法来画自画像，完成大幅自画像。

3. 认识不同的装饰材料，学习粘贴、卷、编织、撒、抹平、排序等方法，发挥想象，很耐心地装饰自画像，认真完成任务。

4. 体验绘画与装饰的快乐，感受艺术的美。

三、主题活动过程

活动一：画画我自己

活动目标

能够运用绘画的形式表现自己的外部特征，感受美术活动的乐趣。

活动过程

1. 欣赏大班哥哥姐姐的自画像作品，感受作品的美感、激发幼儿创作兴趣。

（重点引导幼儿从作品的构图、色彩、背景的表现上来欣赏。）

2. 引导幼儿理解自画像就是给自己画像，符合自己的特征。

3. 引导幼儿观察自己的外部特征

说一说自己的特点，帮助幼儿梳理绘画

经验。

4. 幼儿绘画，教师指导。

5. 展示评价。

（1）请幼儿猜一猜作品中画的是哪一个小朋友？说说是怎样猜出来的。

（2）针对幼儿作品中表现突出的地方给予评价，提升全体的绘画水平。

活动分析

从全体幼儿的绘画作品上看，今天参加活动的孩子在绘画的过程中都能够尽力地通过绘画来表现自己的外部特征，说明活动过程的设计对于目标的实现起到了一定的指导作用。

另外孩子们作品的构图、背景的表现形式也较以往有了进步，这说明欣赏环节对于幼儿来说起到了开拓视野、提升绘画技能的作用。

活动二：画画我的脸

活动目标

1. 能够运用绘画的形式表现自己的五官特征。

2. 感受美术活动的乐趣。

活动过程

1. 照照、说说，自己长什么样？

（1）幼儿每人一面小镜子，照照自己的脸，和同伴说说自己长什么样？

（2）个别幼儿说说自己的五官特征。

（3）请个别幼儿在黑板上画画自己的五官。

2. 教师和幼儿共同观察黑板上的自画像。

（1）教师和幼儿边观察边总结人的五官。

（2）幼儿相互看看同伴的五官。

3. 幼儿作画。

教师提醒幼儿边照镜子边画画。

4. 幼儿相互欣赏各自的自画像。

活动分析

在日常生活中，幼儿对自己的五官已经有了一定的认识，但不是很明确。活动以照镜子方式引起他们的兴趣，然后教师再引导他们仔细观察，发现自己与他人的不同之处，并能罗列出这些特征。在绘画过程中，多数孩子能根据自己所观察到的特点进行描绘，但互相模仿的成分还很高，自我特征表现得不是很明确。

活动三：不一样的我

活动目标

欣赏优秀美术作品，了解自己的外形特征，发挥想象，用绘画形式表现有特色的自画像。

活动过程

1. 谈话导题，激发幼儿创作欲望。

问：世界上能找到两个长得一模一样的人吗？为什么？

2. 幼儿介绍自己的长相特别之处。

（1）幼儿学习用：“我的 ×× 长得很特别，×× 样的”句型说。

（2）出示画好的自画像，给同伴欣赏。

3. 观看幻灯：大师的自画像。请幼儿看看、说说大师自画像中有特色的地方。

（1）色彩的运用：梵高自画像中用色大胆。胡子和头发橙色的运用，和背景的蓝色形成对比，突出浓密的胡子。

（2）线条的运用：毕加索的自画像线条有力。

（3）明确绘画要求：画出自己面部有特点之处，如大大的双眼皮眼睛、童花头、有山峰的嘴唇等；最后用单色勾线。

4. 幼儿绘画创作。

5. 作品展示。

活动分析

大班的孩子还不擅长画自己，很多孩子画好以后都长得一样，他们并不十分了解自己长相上的特点。在活动前老师让孩子们回家照一照镜子，看看自己的眼睛、鼻子、嘴巴、脸到底是什么形状，什么样子的，然后让孩子们欣赏大师的自画像，让孩子们对自画像有个初步的了解。

活动四：哈哈镜中的自己

活动目标

1. 通过照哈哈镜，观察和感受自己身体部位的变化。

2. 学习用夸张的手法画自己身体的变化，体验不同的绘画方式。

活动过程

1. 照照哈哈镜，说说自己的身体、五官发生了什么变化。

请幼儿相互交流，说说自己的变化。

2. 尝试用绘画的方式，将自己在哈哈镜中的变化表现出来。

（1）集体探讨怎样将自己在哈哈镜中的变化画出来呢？

（2）将幼儿讨论的结果进行总结、罗列。

（3）幼儿自由作画，根据自己照哈哈镜的观察，将身体发生的变化画出来。

（4）教师个别指导，提醒幼儿要画出自己的特色。

3. 欣赏同伴作品，总结评价。

（1）将幼儿的作品展示出来，请幼儿互相欣赏。

（2）师生共同进行总结和评价。

活动分析

哈哈镜在幼儿园楼梯的转角处一直放着，幼儿平时都能接触到，所以他们并不陌生。在讨论过程中，基本上大班的幼儿都能将自己观察到的变化清楚地表达出来，也基本能在绘画过程中表现出来。但是在身体比例的把握上，个别幼儿还是有待提高，画的比例容易失调，模仿跟风现象还是存在。

活动五：我的身体动起来

活动目标

1. 欣赏有动态的图片，学习模仿这些动作造型。

2. 尝试画一画自己的不同身体动作造型，体验绘画带来的乐趣。

活动过程

1. 欣赏图片，摆造型，感受自己身体及四肢的变化。

（1）欣赏图片，学习模仿图片中的动作造型。

（2）请幼儿分别给自己想一个造型，同伴间相互猜想。

2. 尝试用绘画的方式表现身体四肢的动作造型。

（1）师生共同探讨：

①如何将这些动作造型描绘出来？

②要注意哪些方法和技巧？

3. 幼儿自由作画，教师个别指导。

（1）先确定自己的身体动作造型，再下笔绘画。

（2）在身体造型的基础上，变化自己的五官特点。

4. 作品展示，总结评价。

（1）教师将幼儿的作品展示出来，相互欣赏。

2. 师生共同评价，根据评价的结果，教师进行总结。

活动分析

幼儿对摆造型还是比较感兴趣的，能联系实际生活做动作，如跳绳、跑步等。但要把这些动作造型用绘画的形式表现出来，还是有一定的难度。通过第二环节的互相探讨，大多数的幼儿有了初步的感觉，并很好地表现在绘画中，身体比例，动态的动作，都相对以前有提高。

活动六：打扮自己（3 课时）

活动目标

1. 欣赏不同类型的装饰画，认识不同的装饰材料，学习用正确的方法使用这些材料。

2. 能用完整连贯的语言表述自己对自画像装饰的一些想法和意见。

3. 在身体造型变化的基础上，学习用各种不同的辅助材料，较有美感地拼贴装饰自画像

活动过程

1. 欣赏不同类型的装饰画，激发创作的兴趣。

欣赏作品，认识和了解作品的装饰材料和使用方法。

2. 教师提供不同的材料，请幼儿自由探索。

（1）教师提供不同的装饰材料如豆子、羽毛、亮片、小木棍等，让幼儿自由探索。

（2）针对不同材料，教师适当介绍一些简单的装饰方法，如材料的配对、排列、粘贴等。

3. 谈谈自己对自画像装饰的一些想法和建议。

“你想选择哪种材料装饰自画像？怎么装饰？”针对这样的问题，师生共同探讨。

4. 画一画，动一动。

（1）先画好大致的轮廓，身体造型大线条，五官部分小线条。

（2）挑选自己喜欢的材料进行装饰。

5. 评价总结。

活动分析

这个活动，我们分成了 3 个课时完成，每个课时给孩子提供的材料都是不一样的。在欣赏的基础上，认识这些材料，并针对材料，学习如何运用它们装饰自画像。这是对孩子的又一种挑战，难度更加大了，与以往单纯的线

描和涂色完全不一样，在绘画方法上也有一定的讲究。刚开始时，孩子们有惯性，都画得很仔细，结果发现这样装饰起来非常的麻烦，而且也不美观，经过几次下来，总结经验，知道色块要留大，需要大轮廓。在材料的运用上，多数的孩子对豆子、毛线、彩色小木条、亮片等装饰材料使用得比较熟练，在方法上：使用图案拼贴、揉、卷、压等技巧。

活动七：创作大画（3课时）

活动目标

1. 通过讨论，了解大画与小画之间的不同，注意控制身体造型比例的变化。

2. 学习用有特色、夸张的形式变化自己的身体动作和五官表情，画出有新意的自画像，体验绘画带来的不同乐趣。

活动过程

1. 通过欣赏，对制作大画的自画像感兴趣。

（1）教师带领孩子欣赏幼儿园门厅展示的自画像，激发他们创作的兴趣。

（2）说说自己对制作大画的想法，有什么特别之处？

2. 理解大小画之间的不同，探讨作画方法。

（1）教师出示大小画，让幼儿观察两者之间的不同和比例的变化。

（2）师生探讨作画的方法，注意身体动作造型的变化和五官特点。

3. 幼儿作画，教师个别指导。

（1）设想好自画像的风格，先在小纸上画出大概轮廓。

（2）根据自己的设想创作大画，教师适当指导，注意提醒孩子身体比例的把握和突出自己的特点。

4. 欣赏、评价、总结。

活动分析

有了一系列小画的经验积累，幼儿的自画像越加成熟并富有特色。画大画之前，首先让他们对于画纸比例的变化有一定的认识和理解，再重新设计有自我特点的自画像。注意身体动作造型及五官表情的变化。活动中，老师的个别指导也非常重要，根据每个孩子的设想，给予适当的帮助，不重复，模仿，让幼儿画出有创意的自画像。

活动八：装饰大画（4课时）

活动目标

1. 挑选自己喜欢的装饰材料，学习有耐心地、仔细地装饰自画像。

2. 在装饰过程中，注意辅助材料的正确使用和装饰材料的排列顺序。

3. 与同伴互相合作，创作富有新意和美感的自画像，体验活动带来的乐趣。

活动过程

1. 谈谈自己对自画像装饰的一些想法和建议。

2. 挑选材料，装饰。

（1）在身体轮廓的基础上，挑选自己喜欢和合适的材料。

（2）学习用正确的方法运用辅助材料，如酒精胶，木胶的使用方法和注意事项。

3. 分组、同伴间互相合作完成自画像。

（1）与自己装饰风格相似的分为一组，大家互相合作，共同完成自画像。

（2）教师单独逐个指导、帮助。

4. 成果展示，评价总结。

活动分析

装饰大画自画像的时间比较长，因为在油画布上，与在白纸上的粘贴方式不相同，辅助材料运用得好与不好很重要，需要快速粘贴，并且还要带有美感，保持画面的干净整洁，这些对于幼儿又是一个挑战。在此过程中，教师特别加强了同伴间的合作互助，再通过教师精心、细致的指导和帮助，完成不同装饰风格的自画像。

活动九：全园展示彩排

活动目标

1. 大胆、自信地在人前表演。

2. 对于出现的困难能够坚持，培养幼儿的耐心。

活动过程

1. 集体讨论如何分工，认识自己扮演的角色。

（1）分成AB组，教师介绍分工和工作内容，请幼儿自由挑选。

2. 制作工作牌,分组练习。

(1)教师与幼儿共同讨论如何制作自己的工作牌。

(2)师生共同制作工作牌。

(3)根据自己工作分组,练习自己的工作内容,教师适当指导。

3. 讨论自己遇到的困难,共同解决。

(1)分组进行演习,找出大家容易出现的问题。

(2)讨论如何解决问题。(先是自我介绍,介绍时声音响亮,条理清晰。)

4. 再次演习。

(1)分成表演组和观众组,互换练习演习。

活动分析

主题已经进行了3周多了,马上就要展示活动了,为了让孩子能更好地参与到展示活动中,感受自己是活动的主人,享受一定的成功感,于是我们就生成了展示演习。第一次的演习,有些幼儿对自己的任务不是很明确,如介绍自画像的材料、做法等,模糊不清楚。在第二次演习中,大多数孩子能根据同伴提出的建议改正,效果很不错,大家都非常期待正式展示的那天。

四、主题活动反思

1. 通过名画的欣赏提高幼儿审美能力。

名画欣赏对幼儿审美感知的增强、语言的发展,注意力的稳定,想象的丰富等方面都有其积极意义。借助名人的自画像,让幼儿更好地了解画自画像的特点。通过欣赏让孩子发现作品中大与小、近与远、亮与暗、深与浅之间的关系,从而提高孩子对美的认识,增强幼儿对美的敏感度。同时对于幼儿来说起到了开阔视野、提升绘画技能的作用。

2. 关注大班孩子年龄特点,调整活动目标。

这一系列活动让孩子更好地掌握了每个人的外貌特征,身体动作造型的变化。不同装饰材料的运用,让孩子对绘画有了新的了解。在这过程中,确立正确的目标是至关重要的,这是活动的重难点和核心问题所在,能更好地掌握每个人的五官和脸形及身体动作造型,用夸张的形式表现,再对自己的自画像进行装饰、粘贴。

3. 通过师生、生生交流合作,提高幼儿的交往合作能力。

加强教学活动中的讨论,促进生生互动,让孩子成为活动的主人。在讨论中孩子的语言表达能力,协调能力,说服别人的能力等方面都会得到培养,也能提高孩子的审美意识。讨论富有针对性,它能完善和补充教学活动过程,能引导幼儿更有效地创作。

4. **重视活动后的评价活动，给每个幼儿表现的机会。**

评价活动是一个提升经验的最好的机会，把孩子的直接感受转化为内在的审美体验，对下一次的活动会起到很好的铺垫作用。当幼儿在创作完一张自画像作品后，其心中的得意溢于言表，他希望与他人共同分享喜悦，也希望得到老师和同伴的赞许。活动结果让幼儿评价讨论：哪张画颜色搭配得好，为什么？怎样搭配会更好，这张画和其他画有什么不同的地方，你觉得什么地方可以学？发现自己的优点与不足，为下次活动积累经验。

编织工作坊

●吴巧莲（整理） 童灵芝

一、主题实施背景

编织艺术是我国民族传统文化的一种，有悠久的历史。编织艺术又是造型艺术，是一种实用性强、表现力丰富的艺术。它还具有特殊的教育功能，它能使幼儿的手部小肌肉得到锻炼，提高手部动作的灵活性与精确性。同时，手指动作的训练能对大脑细胞产生良好的刺激作用，完善神经系统的控制能力，从而使思维活动的水平愈来愈高。编织需要注意力集中，手眼协调，不断调整方向，灵活地编出物体形象，使幼儿的有意注意、观察的顺序性得到了发展。编织是具有创造性的活动，幼儿通过了解编织，在编织艺术的熏陶下，在生活的体验过程中，感受编织的魅力，提高幼儿综合实践能力。编织活动能培养幼儿的观察、思维、技能、个性、习惯等方面的品格和能力，同时又促进幼儿审美情趣的养成。它能促进幼儿的身心发展，让幼儿在活动中受到美的熏陶。

二、主题活动总目标

1. 尝试使用各种材料学编麻花和十字编的技巧，了解编织的基本特点，知道各种编织方法，如平纹编织、花纹编织、绞编、勒编等工艺。

2. 学习根据故事内容分段创作编织故事，体验成就感。

3. 能够产生耐心行为，有耐心地做完一件事；友好地与同伴合作，体验集体编织带来的快乐。

三、活动前准备及相关环境创设

1. 将自己收集到的编织作品材料和图片带到幼儿园与大家一起分享参观。

（1）区角。

①图书区：关于编织的一些书籍供幼儿参考学习。

②美工区：提供各式各样的编织材料供幼儿操作，收集编织的作品供幼儿欣赏。

（2）墙饰：展示有关编织内容的图片、作品等，供幼儿创作参考。

（3）家园互动：请家长和孩子一起收集生活中的编织材料和废旧物品，尝试创作编织作品。

四、主题活动过程

活动一：麻花编织（一）

活动目标

1. 掌握麻花编织技巧，学习用麻花来装饰生活中的废旧物品。

2. 体验合作的乐趣。

活动过程

1. 教师出示麻花编织作品，激发兴趣。

幼儿欣赏麻花作品并观察编织方法。

2. 学习编织麻花的技巧。

（1）出示彩色皱纸，请幼儿说说麻花应该如何编。

（2）教师出示编织演示图谱，请个别幼儿进行示范。

（3）教师借助儿歌教幼儿编麻花：三根绳儿拉，左上拉，右上拉。

3. 幼儿操作。

（1）请幼儿两两合作互换编织，一人拉绳，一人编，共同完成一根编织绳。

（2）教师巡回指导。

教师根据孩子掌握的情况，对有困难的孩子进行手把手地传授。

4. 总结。

巩固编织的正确方法。

活动分析

在第一次编麻花的过程中，孩子们遇到了很多问题，比如编错、编得粗细不均等。有些孩子编着编着就破了，但是还有一部分幼儿已经能够掌握编织技巧。在进行了第一次探索之后孩子们有了经验。教师在总结的环节引导就变得非常的重要，帮助孩子理顺编织麻花的规律和方法。

活动二：麻花编织（二）

活动目标

1. 熟练掌握麻花编织技巧，学习正确的手势和方法，有耐心地编织精致的麻绳。

2. 体验成就感和合作完成任务的乐趣。

活动过程

1. 观察已编织的麻绳，与孩子讨论精致、优质的麻绳的特征（粗细均匀，色彩搭配协调）。

2. 第一次编织中，教师有意将不同水平的幼儿搭配在一起，鼓励他们相互检查、相互学习。

有耐心地两两合作编麻花。

3. 教师播放轻音乐，巡回指导。

教师根据孩子掌握的情况，对有困难的孩子进行手把手地传授。

注：我们用皱纸来编麻绳，编织一条麻绳孩子需要40分钟及以上的时间，但活动中孩子们的专注力仍然很强。

4. 集体评价。

请编得好的幼儿谈谈自己的经验。

5. 自由练习。

活动分析

通过同伴间的观摩，孩子们知道了使麻花编得更加精致的方法，颜色搭配得也更加美观了，这又激起了孩子们挑战的欲望。

活动三：麻花编织大赛

活动目标

1. 熟练掌握麻花编织技巧，学习正确的手势和方法，有耐心地编织精致的麻绳。

2. 通过比赛的形式来提高编麻花的速度；体验合作完成任务的乐趣。

活动过程

1. 编麻花大赛，讨论得奖要求，鼓励幼儿积极参与讨论。

2. 总结幼儿讨论的比赛规则。

比赛的规则：编一根麻花所用的时间少，并且要编得粗细均匀就获胜。

3. 幼儿两两自由搭配合作比赛，共同完成一根麻花。

4. 鼓励幼儿从速度和精致上进行自我评价。

活动分析

编织大赛让孩子们得到了更多的经验，有些孩子编织得很精致，但是编织的速度很慢；反之，有些孩子编织得很快，但是编织得比较粗糙。通过这次比赛孩子们掌握了一些编得又快又精致的方法。

活动四：麻花工艺品——笔筒

活动目标

1. 学习将编好的麻绳用有规则地缠绕方式耐心地装饰废旧的瓶子、罐子等。

2. 体验通过麻花编织带来的快乐和成就感。

活动过程

1. 教师出示事先制作好的笔筒，请幼儿仔细观察老师是怎么装饰瓶子的。

（从紧密性和颜色搭配上引导。）

2. 教师事先将双面胶沿着瓶身粘贴好，并示范讲解有规则地绕瓶身。

请个别幼儿来操作。

3. 幼儿操作，教师巡回指导。

4. 展示和评价。

活动分析

纯技巧性练习的活动再有趣都会有生腻的时候，因此，我们借助了辅助材料让孩子看到自己的努力可以获得令人惊喜的作品。

鲜艳亮丽的麻花绳缠绕在一个个形状各异的瓶身上，将一个个普通、废旧的瓶子装饰得很美观、精致，孩子们欣喜若狂。

活动五：漂亮的头饰

活动目标

1. 学习将编好的麻花绳用粘贴的方式装饰做头饰，提高细心耐心的品质。

2. 体验作品完成带来的成就感。

活动过程

1. 教师出示事先做好的夹子和发箍。

介绍半成品材料：发箍、夹子。

2. 老师示范讲解做头饰的各种方法，鼓励孩子创新。

（1）先出示各种形状的模板，教师示范粘贴麻花。注意不要有空隙，涂完胶水吹一下。

（2）出示夹子，双面胶，做夹子和发箍。

（3）教师出示各种漂亮的头饰图片，请幼儿发挥自己的想象进行装饰。

3. 幼儿操作，教师巡回指导。

4. 展示和评价。

活动分析

因为有了半成品的关系，麻花编织作品看起来精致又美观。有很多女孩子爱不释手地把自己做好的头饰戴在了自己的头上，很多男孩子也忍不住戴了起来。

活动六：生活中编织

活动目标

1. 了解编织工艺的由来；知道编织方法的几种类型。

2. 通过欣赏各种生活中的编织，喜爱编织，并能用语言表达。

活动过程

1. 出示编织图片，幼儿欣赏。

2. 了解什么是编织以及编织的特点。

3. 鼓励幼儿在集体面前自信地说一说你看到的编织作品，说说我喜欢的编织作品。

活动分析

第一阶段是单纯的麻花编织的学习与运用。孩子们对编织的概念认识比较狭窄，在后面的活动中引出各种各样的编织，让幼儿了解生活中的各种编织方法。

对于各种各样的编织作品，孩子都很惊叹。用竹子编织的，用绳子编织的，还有用纸编织的，这些不同材质的编织，令孩子大开眼界。

活动七：十字编织

活动目标

1. 尝试两个人合作用纸条进行十字编织，学会十字编织的基本技巧。

2. 尝试在编织的作品上用自画像装饰，体验作品带来的愉悦感。

活动过程

1. 欣赏十字编织作品，引出十字编织。

知道十字编织是常见的一种编织方法，它广泛地运用在生活中。

2. 学一学十字编织。

（1）教师示范十字编织方法。教师准备的材料是以一边固定，其余用条状彩纸上下穿插的方式制作。

（2）出示彩纸，请幼儿学习十字编织。

3. 两两合作进行十字编织。

鼓励幼儿克服困难，耐心操作。

4. 请幼儿在自己编织完的作品上，创意自画像。

5. 总结。

活动分析

第一次的十字编织孩子们想出了用裁成纸条进行编织，但是在编织的过程中却遇到了很多困难，比如很难固定，因为纸条剪得不够直，编织不能进行，还有太用力会让前面编织的东西功亏一篑等。在活动过程中老师就要不断地引导幼儿耐心。但是在完成作品后孩子们在上面画自画像的时候，成就感十足。

活动八：创意添画（十字编织）

活动目标

1. 通过正方形的十字编织作品进行添加剪贴画，能够用剪纸的形式表达出某一个情节的具体内容。

2. 乐意将自己的作品与同伴分享交流，并能大胆想象。

活动过程

1. 编织十字编的作品。

（1）教师出示事先剪出的各种形状的十字编织底板。

（2）幼儿独立编织。

2. 鼓励幼儿大胆想象长方形的十字编织可以变成什么。

（1）幼儿自由说想象的内容。

（2）教师示范用剪贴的方式在黑色纸上

进行创意拼贴。

3. 幼儿操作，教师巡回指导。为幼儿提供所需材料，各种色纸等。

教师引导幼儿应该仔细，细心，耐心。

4. 展示与评价。

活动分析

第二次的编织非常成功，尽管还是需要耐心、细心地去完成，孩子们大多都能坚持。创意添画鼓动孩子们大胆想象，让孩子们创意无限。

活动九：藤条十字编小杯垫

活动目标

1. 初步学习耐心地用藤条编织杯垫，掌握编织上下交错的方法。

2. 在尝试、交流与讨论的过程中，体验成功的快乐。

活动过程

1. 回忆前一个活动：纸条的十字编织方法，总结出十字编织需要用上下交错的方式进行编织。

2. 出示杯垫，观察杯垫，学习藤条编织。

（1）教师事先为幼儿搭好骨架，骨架的分支必须是单数。

（2）教师边示范边讲解。要求：用力要均匀，编得要精致、细密。

3. 幼儿尝试操作，教师巡回指导。

4. 经验分享。

交流在活动中发现问题，进一步积累藤条十字编织的经验。

活动分析

掌握一定的技能是孩子把自己的想象表现出来的前提。当幼儿的技能水平已经有所致用，那么教师需要提供新的技巧或者新的材料和新的难度以满足幼儿的需要。

活动十：藤条十字编花瓶

活动目标

1. 学习耐心地用藤条编织花瓶，表现出各种形状色彩的花瓶。

2. 体验编织成功的快乐。

活动过程

1. 回忆编杯垫的方法。

2. 出示花瓶，观察花瓶。

因为毛茛具有一定的可塑性，因此，在练习编杯垫的基础上，孩子们学习用折的方式来塑造花瓶的形状。

提问：编织花瓶和编织杯垫有什么区别？步骤是怎么样的？幼儿说，教师示范。

3. 幼儿尝试操作，教师巡回指导。

4. 经验分享。

交流在活动中发现的问题和获得成功的方法，进一步积累藤条十字编织的经验。

活动分析

在编织花瓶的时候遇到了两个困难，第一，毛茛较软，容易变形。第二，编织时间久，非常考验幼儿的耐心。

活动十一：故事系列创意编织（一）

活动目标

1. 学习将故事“小蝌蚪找妈妈”进行分段，学习提取故事中的重要元素选择最佳表现场景。

2. 学习共同协商制定设计图，体验小组合作的快乐。

活动准备

小蝌蚪找妈妈的故事，水彩笔等。

活动过程

1. 回忆故事《小蝌蚪找妈妈》。

集体讨论，根据故事情节将故事分为6段。分别是青蛙产卵、遇见鸭妈妈、遇见乌龟妈妈、遇见金鱼妈妈、遇见螃蟹、最后找到自己的妈妈。

2. 分析每段故事内容，确定表现场景。

强调各组确定每个组要表现的主要人物及场景，即故事发生的时间、地点和事件三要素。

3. 小组成员自由讨论完整展现设计图，即故事表现场景。

（1）鼓励幼儿在组中推选一个幼儿作为绘画者，小组人员协商确定故事内容表现场景。

（2）分组制定设计图，教师巡回指导。

4. 重点提醒在设计图中要表现实物具体所用材料和颜色。

什么物体需要什么颜色，用什么方式来表现（如水里的场景可以用十字编织），注意还要突出主体。

5. 评价。

鼓励小组间相互评价，从主体人物凸显、场景展现及构图上来评价。

活动分析

美术创作离不开造型、构图和色彩等表现方法，制定设计图是完成小蝌蚪找妈妈故事编织创作的第一步。活动中每个组的场景都是不一样的，他们一起讨论，积极地制作设计图，对于把这个故事最终完成一幅完美的作品非常期待。

活动十二：故事系列编织创作（二）

活动目标

1. 根据故事情节，用各种材料进行装饰，学习根据自己的想法进行创意拼贴画。

2. 体验集体分工，创作的快乐。

活动过程

1. 根据设计图稿，为场景、事物挑选适宜的材料与编制方法

（1）提问：哪些地方适合用十字编织，哪些事物可以用麻花编织？

（2）教师提供各种辅助材料供幼儿自行选择，如：锡箔纸、各种亮片等。

2. 各小组分工，领取材料。

教师根据幼儿的设计图，将材料放在教室中任幼儿拿取。

3. 小组合作制作《小蝌蚪找妈妈》图（每组表现不同的场景）。

4. 作品分享和改进。

提问：你最喜欢哪个场景，为什么？我们可以怎么改进让作品变得精致漂亮。

活动分析

这个活动我们分了两个课时完成，十字编织和麻花编织需要大量的时间。孩子们在拆了做、做了拆中不断地尝试，每一次都有新的提高和发现。在这次活动中孩子们创意无限，体现了他们独特的智慧和创想。教师在整个过程中也给了孩子们充足的时间去探索和思考，激发了幼儿学习的积极性。

活动十三：全园联动展示

活动目标

1. 根据自己的分工做好编织作品和相关工作的演示，介绍工作。

2. 大胆展示自己，体验自豪感和快乐情绪。

活动过程

1. 明确分工和职责。

迎宾组：热情，微笑地说：欢迎光临。

介绍演示工作组：一边解说一边示范，要有礼貌等。

2. 提出工作要求，坚守岗位，为参观者和观众演示。

3. 幼儿说一说作品展示后的感想。

活动分析

在全园展示活动的那天，我们的作品吸引了很多观众，孩子们不厌其烦地解说、示范，让参观者们停下了脚步，很多家长和孩子都很乐意留下来尝试编织，并高兴地带回了他们的作品。如此成功的展示让我们看到了孩子们的努力，看到了孩子们的智慧。

五、主题活动反思

1. 耐心品质的培养。

“耐心正如肌肉一样是可以锻炼的”，我们的主题活动很好地印证了这句话。在活动中，需要花40分钟甚至更长时间编织麻花绳，孩子们却丝毫没有倦怠的情绪，经过一个又一个耐心的活动，孩子们的耐心时间不断地增加着，并在活动外表现了更多的耐心行为。

2. 合作和同伴协调能力的提高。

编织活动从头至尾没有离开同伴的协助，孩子们相互协助、相互学习，不断与同伴协调。

3. 编织技巧+作品显现=挑战性和成就感。

小小的工艺品，让孩子们爱不释手。有了一些难度的增加和新鲜感的不断注入，使孩子们更加感兴趣，启发了孩子们新的创想，也为后面的编织创意大画奠定了基础。孩子们兴奋不已，编织杯垫和花瓶给孩子们新的挑战。第三阶段是我们的创意编织大画系列，使得孩子们在最后的编织创作中表现力十足。大画的创作、修改再创作的过程，让幼儿学会了如何运用各种材料更好地表现画面的方法。如：在装饰的过程中，孩子们还知道了不是所有漂亮的材料用上去就会好看，还要兼顾到颜色、材质等，整个主题让孩子们受益匪浅。

我爱刺绣

龚凌竹(整理)　王　璐

一、主题实施背景

现代社会的快速发展与变化使人们习惯于匆忙行事，人们失去了身心的平和、相处的宽容、做事的坚持。我们发现大多数孩子会表现出焦躁、易怒、好动等缺乏耐心的行为，而大人的抱怨只能使孩子更没耐心。其实耐心是可以培养的，就像肌肉可以锻炼一样，它是一种靠自觉练习便能极大增强的内心素质。

我们大一班选择了刺绣，在刺绣过程中，孩子们需要一针一线地去完成自己的作品，非常考验耐心。以任务驱动式展开整个主题活动，最终的任务是完成一幅毕业创作——每位孩子为自己绣一辆独一无二的火车厢串成长火车，驶向最美好的未来！有了这个任务，孩子们动力十足，开始了为期一个月的耐心刺绣之旅……

二、活动前准备及相关环境创设

1. 什么是耐心。

活动前，老师了解了一下孩子对于"耐心"的认知程度。孩子说："耐心就是等待；耐心就是轻轻地说话；耐心就是轻轻地走路……"

2. 耐心是怎样的。

在日常生活中，老师还渗透了耐心的故事：《铁棒磨成针》、《巧克力树》、《小猫钓鱼》、《焦躁的羊》、《一场奇特的比赛》等，让孩子们感受故事主人公的耐心品质和他们坚持耐心的方法。

在环境创设上，我们把孩子收集来的刺绣作品摆放起来；把孩子找到的"耐心"布置成了耐心墙，让孩子感受到耐心的氛围。

三、主题活动总目标

1. 通过刺绣，学会心里不急躁、不厌烦，能有意识地调控自己，坚持把任务完成。

2. 学会在活动中，耐心地听讲，认认真真地听好每一句话，做好每一件事，能专注、不分心。

四、主题活动过程

活动一：欣赏刺绣

活动目标

1. 愿意倾听有关刺绣的传说，初步了解刺绣的来历和种类。

2. 欣赏大家收集来的刺绣作品，了解刺绣需要的基本工具和方法。

3. 产生刺绣的愿望。

活动准备

1. 刺绣作品若干、刺绣种类的图片。

2. 爱心助教：请皮皮的奶奶来为孩子们

现场演示十字绣。

活动过程

1. 作品和图片展示，引出刺绣的来历。

（1）提问：你们知道“刺绣”是怎么来的吗？

中国刺绣起源于3000多年前，传说古代苏州有一位聪颖漂亮的姑娘，在结婚前正在赶制一件新嫁衣，在制作过程中不小心在衣襟上戳了一个洞。如果重新做衣服肯定来不及了，于是她急中生智用彩绒绣了一朵小花，不仅将破洞掩盖住，而且还显得格外漂亮，起到了锦上添花的效果。受到这件事的启发，聪明的苏州人从此就开始喜欢穿绣花衣服了。

（2）小结：关于“刺绣”的来历还有很多种，老师只是和大家分享了其中的一种。大家还有兴趣的话，可以回家与爸爸妈妈一起找找别的传说吧。

2. 欣赏不同种类的刺绣作品，了解有关刺绣的传统文化内涵。

3. 我们来看看奶奶绣花都需要哪些材料啊？

（1）绷框，有手绷、卷绷两种；

（2）绷架，用三脚凳一副；

（3）站架；

（4）剪刀；

（5）针，最细者为羊毛针，其次为苏针。针尖锐而针鼻钝，不易伤手。

（6）线，有花线、纱线、金线、银线及绒等。

活动分析

孩子们在欣赏刺绣作品的时候，都惊喜地大叫起来，看见孩子们对刺绣充满了兴趣和好奇，也都很想自己来绣一绣，于是我们决定明天就先从穿针引线开始。

活动二：穿针引线

活动目标

1. 幼儿试着把线穿进针孔里，训练手眼协调的能力。

2. 根据自己的意愿选择不同的针挑战，体验穿针的乐趣。

活动准备

用泡沫球做针台，让针扎在上面，方便幼儿操作。

活动过程

1. 教师展示针台，引起幼儿穿针引线的兴趣。

2. 幼儿分组自由尝试。

3. 师生共同讨论穿针引线的注意事项和步骤。

4. 小组竞赛。

5. 教师总结。

活动分析

活动一开始，老师为孩子们准备了粗针，粗针的针孔比较大，要把线穿进孔里比较容易。等孩子们成功了，老师再换细针。这回可没那么容易了，要把线穿进又细又小的针孔里，是需要耐心的。有些孩子不耐烦了，嘴巴里发出“啧啧”的声音，老师一边鼓励一边指导。当孩子挑战成功时，这种成就感是不言而喻的。

活动三：刺绣（一）

活动目标

1. 尝试用各种轮廓的硬框立体绣片刺绣，初步掌握绣的方法，要一针上一针下有规律地按轮廓刺绣。

2. 在老师的帮助下能把绣花线的头和尾处理好。

活动准备

各种形状的硬框，立体绣片、刺绣片，毛线和粗针。

活动过程

1. 教师示范、讲解绣法：一针上一针下按轮廓绣。

2. 幼儿操作，教师个别指导。教师要将线和绣片打好结头，避免线滑落。

活动分析

终于可以自己动手刺绣了，孩子们都好激动，一手拿绣片，一手拿针线，真是可爱。一开始，针线和绣片很容易打结，老师提醒孩子要牢记绣花一上一下的规律，慢慢地，孩子们开始顺手起来了。

活动四：刺绣（二）

活动目标

1. 在绣完简单的图形轮廓的基础上，开始尝试往图形里面进行刺绣。

2. 给图形绣上颜色，要求线条的排列要有一定的规律。

活动准备

前一天刺绣的材料。

活动过程

1. 出示昨天幼儿刺绣的轮廓绣片：今天我们要给昨天绣的绣片图形上色。

2. 教师出示范例，并讲解：其实和绣轮廓的道理是一样的，就是一定要绣得有规律，一排一排地绣。

3. 幼儿操作，教师个别指导。

活动分析

老师在黑板上画好图示。有些孩子信心十足，而有些孩子胆怯了。老师让孩子不管怎么样先试一试，一段时间后，老师把孩子的作品收了上来，先作点评，强调要绣得好，就一定要绣得有规律，一排一排地绣。老师把绣乱的作品拆了重绣，在这个过程中老师和孩子都是需要耐心的。

活动五、六、七：绣名字

活动目的

1. 尝试用绣花绷绣花，在学会上下绣的基础上尝试一排一排地齐绣，用线沿字体的轮廓来刺字，锻炼幼儿的手指力量。

2. 要求针眼分明，操作需要耐心。

活动准备

1. 白色手帕上写有幼儿名字中的一个空心字。

2. 绣花绷、绣花线、绣花针。

活动过程

1. 引出：前两天我们用粗毛线绣了各种形状的绣片，挂在墙上真好看，今天我们换了细一点的线，用上绣花绷框，在白色手帕上绣上我们自己的名字。

2. 教师示范：针先从下面往上绣，绣在老师画的线上，再间隔一定距离线从另一条线上绣下去，这样就是一排一排的齐绣了。一定要注意：线在上针就要从上往下绣，线在下针就要从下往上绣。

3. 幼儿操作，教师个别指导。

活动分析

孩子们在完成了自己的第一幅刺绣作品后，都非常期盼着自己的第二幅刺绣作品。第二次，我们把硬的绣花片换成了白手帕，孩子们在上面绣自己的名字，虽然手帕上的布孔比绣花片上窗纱般大小的孔小多了，但孩子们信心十足，已经有熟能生巧的感觉了。时间长了，不仅孩子们的耐心得到了锻炼，刺绣的技巧也得到了提高。绣名字我们花了3天的时间，大部分幼儿都绣了大半部分，到了周五还有小部分没有完成，我们就让幼儿带回去继续完成，并要求加绣，以丰富画面。最后孩子们完成的作品真是让大家大吃一惊。

活动八：立体绣片

活动目标

1. 尝试用十字格子进行立体刺绣，初步掌握绣的方法，要一上一下，有规律换行。

2. 学习用立体绣的方法绣。能找准相应的洞，绣出排列整齐的图案。

活动准备

各种形状的立体绣片、毛线、粗针。

活动过程

1. 欣赏立体绣成品。
2. 介绍立体绣方法。
3. 幼儿操作，教师指导。

活动分析

孩子们一开始最难掌握的还是线头的固定，于是我们教孩子们把线头打结，两次活动下来多数幼儿学会了。因为有了前面刺绣的基础，上下绣基本不会出错，第二个难点就是换行，有些孩子出于固定的思维一定要从左往右，对此我们也不强求，但是最节约的方法还是绣到左边就从左边绣过去，绣到右边再从右边绣过去。几次活动下来，大多数幼儿都掌握了这样的规律，绣得平整而有序。

活动九、十、十一、十二：立体绣——火车厢

活动目标

1. 尝试用十字格子进行立体刺绣，初步掌握绣的方法，要一上一下，自己试着穿针引线，绣简单的图形轮廓。

2. 学习十字绣。能找准相应的洞，绣出排列整齐的十字绣。

活动准备

火车轮廓图案的立体刺绣格子、毛线、粗针。

活动过程

1. 欣赏立体绣成品。
2. 介绍立体绣方法。
3. 幼儿操作，教师指导。

活动分析

一开始，孩子还不能完全掌握立体绣的方法——同一个方向绣。在老师的示范与指导下，孩子们渐渐掌握了方法。看着孩子们开心、自豪的样子，老师能够体会到，慢慢地、耐心地完成一幅刺绣作品，不仅给他们带来快乐，更让他们有满满的成就感。

全园联动展示活动：绣出你的耐心，绣出你的毅力

活动准备

幼儿和老师一起布置展示的物品。了解自己的任务进行准备。展示活动共分4块区域：介绍欣赏区、穿针引线区、示范绣区和尝试绣区，大家都为展示活动做好了充分的准备。

活动过程

1. 介绍欣赏区。

解说员为客人介绍刺绣的历史以及我们小朋友的刺绣作品。

2. 穿针引线区。

这是穿针引线区的工作人员在工作的样子。穿针引线区的小朋友展示出充分的耐心，为客人们提供了优质的服务。当客人到来时，工作人员会热情地对客人说：“欢迎来到穿针引线区”。询问小客人的年龄，给小客人准备好相应的针，并把针和线递给小客人，说：“请拿好针和线。”当小客人遇到困难时，工作人员会耐心地鼓励：“加油，不要放弃，你行的。”最后表扬成功的小客人，“你很有耐心！”并给小客人贴上五角星。小客人们也感受到了工作人员的耐心以及耐心工作后的喜悦，脸上纷纷露出了甜美的笑容。

3. 示范绣区。

这是示范绣区的工作人员，他们认真地给客人们演示刺绣的方法，介绍不同的刺绣方法，有平针还有十字绣。当客人们对怎样刺绣有疑问的时候，示范绣区的工作人员还负责帮客人解答难题，同时也可以让客人亲自体验一把。

4. 尝试绣区。最热闹的就是这里了，这里是试绣区的工作人员在让客人自己尝试刺绣。试绣区的工作人员负责管理一个大花绑，当客人想来试绣的时候，工作人员要热情、耐心地教客人刺绣的方法，然后指导客人一针一线地绣。每个来的托小班客人都可以得到一个绣花片，拿着毛线和粗针绣，中大班的幼儿可以尝试十字绣，为了不让后面的客人等太久，工作人员还得提醒试绣的客人，十字绣一人只能绣十针。

活动分析

在这次“耐心”主题的活动中，我们很感谢班里的家长，和孩子一起收集了好多刺绣作品。除了常见的十字绣以外，家长们还收集了许多其他绣法的作品，比如家中珍藏的手工绣花衣服、绣花工艺品等，这些实物让我们对以前刺绣用的布和绣法有了更深刻的了解。

五、主题活动反思

1. 将完成任务作为动力，学习用语言暗示的方法，促使自己耐心和坚持。

“耐心”主题开展期间，老师经常听见孩子们嘴里说着，“要耐心”。他们就像一个个小老师，把“耐心”作为育人的道理。看着他们一个个坐在椅子上，沉浸在一针一线中时，说实话，那真是一种享受。

2. 同伴的榜样、相互督促和影响，给予幼儿更有效的帮助。

当同伴遇到困难、对刺绣缺乏信心时，朋友能够陪伴在旁，鼓励打气。耐心能够使孩子遇到困难不灰心，耐心能够让孩子感受到朋友之间的友谊。

3. 将耐心品质的培养从说教形式转向内心的真正体验、行为的真正塑造上。

培养孩子耐心地去对待身边的每一件事、每一个人，养成耐心的好习惯，这不是一个活动就能达到目标的，展示活动结束了，而耐心的培养却刚刚开始，得延续下去。好的氛围才能使孩子养成好的习惯。要求孩子耐心，我们教师自己首先要做个耐心的人，耐心地对待每一个小朋友，耐心地对待那些让我们焦躁的事。

4. 日常生活中运用多种方法培养幼儿的耐心品质。

不管是在工作中还是生活里，耐心都能陪伴在我们身边。活动后，老师在孩子身上看到的耐心比以前多了，处理事情比以前耐心多了。让耐心的喜悦蔓延开吧，让耐心进行到底，让世界充满耐心。

中班

小积木叠高楼

倪慧芳　董晓君

一、主题实施背景

在我们的生活中，耐心无处不在，等公交车需要耐心、种植植物需要耐心、排队喝水需要耐心、玩拼图需要耐心……耐心是一种好的品行，是一种心灵习性，亦是一种良好的意志品质，它对幼儿的成长起着非常重要的作用，因此，耐心的培养极其重要。

对于3~6岁的孩子，耐心培养需要多种形式、需要有真正的体验和相应的练习，不能停留在以往的口头说教的形式。因此，我们尝试通过日常生活、主题教学以及耐心环境的营造，多方面地来帮助幼儿理解什么是耐心，感受耐心，学会耐心。

我们选取“积木叠高楼”这一活动，借助这一可以动手操作的活动来开展耐心品质的培养。将耐心的体验和练习融入到实践活动中，这更符合孩子的学习方式，也更有效。

二、主题前准备及相关环境创设

1. 建构区：提供各种大小不同的木头积木，供幼儿叠高，积累叠高经验。

2. 耐心区：提供各种需要耐心完成的工作如：拼图若干幅（提供30~80片不等的拼图）、4副五十板（提供1~50的数字卡片以及写有1~50数字的底板）刺工、刺绣、花朵排序、穿珠、叠高积木等。

3. 图书区：提供训练幼儿耐心的书籍：《视觉大发现》、《迷宫书》、《找不同》等

4. 主题区：以照片形式展现主题行进的

内容：叠高的方法；叠高的高度挑战实录，叠高中的交往和耐心表现。

三、主题活动总目标

1. 积极探究叠高的方法，掌握几种基本方法，感知并总结各种方法的优点及不足之处。

2. 叠高过程中学习细致和耐心，能有意识地关注并尝试做到小心叠放、位置对齐等重点。

3. 初步尝试与同伴一起叠高，体验共同参与的乐趣，积累商讨、协作的经验。

4. 敢于不断挑战新高度，面对失败不急躁、不气馁，坚持完成叠高的任务，体验叠高乐趣。

四、主题活动过程

活动一：探究叠高方法（一）

活动目标

1. 用40块积木来叠高楼，探索、分享叠高的方法，初步积累叠高经验。

2. 初步感知叠高是一件需要耐心、细致的活动，激发产生完成任务的意识。

活动准备

每人40块积木（多米诺骨牌或迷你叠高积木），每人用来装积木的小筐一个。

活动过程

1. 欣赏高楼的图片。

2. 提出任务、尝试叠高。

幼儿每人一个筐，自己数出40块积木放进筐子里，并找到一个合适的空间位置进行叠高。教师巡视指导并拍照。

3. 分享叠高方法，总结经验。

（1）教师将幼儿作品进行拍照，然后通过电视回放。逐一欣赏，观察其叠高的方法。

（2）思考：为什么同样40块积木，搭出的高楼有的高、有的低？（叠高的方法不一样、有的小朋友40块积木全用上了，有的没有）

4. 讨论总结。

（1）请幼儿说说自己成功了吗？为什么？

（2）思考：怎样会成功？

教师帮助幼儿明白：要成功除了会搭，还要有不怕困难，坚持到底的精神，要有耐心。

活动分析

设定40块积木，考虑到中班孩子的发展水平，40块的数量既不会太少，又不会因为太多而对探究产生干扰。同时保证有一定的难度。

部分孩子对“叠高”中“高”的意识不强，把注意力放在了搭花样上，比如花园、道路、城堡等。大多数的孩子用的是叠罗汉的方法，局限于单排，总的来说方法比较单一。因此，启发孩子探索更多的方法以及引发“高”的意识，是接下来活动所要把握的。

活动二：故事《小猫钓鱼》

活动目标

1. 倾听故事，理解故事内容，懂得钓鱼是需要耐心的，做一件事不可以三心二意，应该一心一意，坚持到底。

2. 寻找日常生活中的耐心，描述自己认为的耐心行为。

活动准备

故事图片。

活动过程

1. 倾听故事，感知耐心行为的重要性。

（1）教师讲述故事一遍。

（2）提问：小猫弟弟为什么没有钓到鱼？猫哥哥为什么能钓到鱼呢？

（3）学一学猫哥哥耐心钓鱼的样子。

2. 寻找日常生活中的耐心，描述耐心行为。

说一说除了钓鱼需要耐心，还有什么事情也需要耐心？为什么？

3. 体验耐心。

教师介绍耐心区，设置耐心时间，鼓励幼儿在耐心区里体验耐心。

活动分析

故事通过小猫钓鱼这一事件，展现了耐心行为中的"坚持"这一特征，以及耐心的重要性。对耐心中的"坚持"孩子很有共鸣，日常生活中也有这方面的认识和体验，因此，在问孩子"什么是耐心"时大多数的孩子提到的是这一方面。另外，还有"等待"这一特点。

情绪方面的耐心，孩子们提到的很少。事实上，不随意发脾气，控制调节自己的消极情绪也是一种耐心。这一点，需要我们教师在日常生活中对孩子加以引导。

活动三：探究叠高方法（二）

活动目标

1. 感知前几种叠高方法的优点和缺点，在原有方法基础上进行变化或者改进。

2. 继续探究叠高的方法，积累叠高经验。

活动准备

每人 40 块积木、一个用来装积木小筐、一米尺。

活动过程

1. 回顾上一次叠高方法，对原有方法进行讨论和改进。

教师将上一次探索出的叠高方法与幼儿一起现场展示，请幼儿说一说自己在叠高中遇到的问题，教师引发幼儿对原有方法进行改进。

2. 激发幼儿挑战高度。

教师出示一米尺，针对上次个别幼儿缺乏叠高意识，一部分幼儿没有关注高度等情况，引导幼儿："今天，我们要用尺子来量一量搭的高楼，看一看，自己的高楼有多高，是最高的吗？"

3. 强调要求，幼儿再次探索叠高的方法。

（1）教师再次强调活动要求：要把 40 块积木都用在叠高楼上，并且要把高楼尽量往上搭，搭得又高又稳。

（2）鼓励前一次因为不知道如何叠高而没有成功的幼儿向同伴们学习，尝试模仿。

鼓励前一次成功的幼儿继续努力，探索出新的，能搭得更高、更稳的叠高方法。

（3）幼儿探索，教师巡视指导。

4. 分享叠高方法，展示新的叠高方法。

（1）教师将幼儿作品进行拍照，然后通过电视回放。

（2）逐一欣赏，观察其叠高的方法。

（3）进行对比、比较。

5. 讨论总结。

总结归纳：叠高楼有哪些方法，40块积木用哪种方法可以叠得最高，哪种方法比较稳。

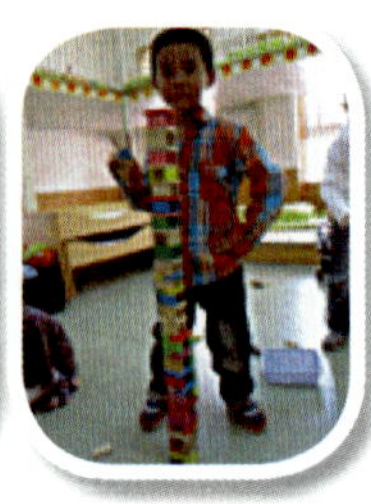

活动分析

探究活动要有足够的时间保障，因此，整个上午都在进行叠高活动。我自己感觉，活动中有很多的问题需要解决，需要老师关注和引导的方面很多，但是一个活动中又无法全都顾及到，如：叠高的方法有哪些？哪种方法能叠得高？高楼为什么会倒塌？倒塌了怎么办？

这些关键问题都需要和孩子们细细来探究和解决。因此，将探究活动在日常生活中反复进行，不仅仅是在主题活动的时间里，还有区域活动、自由活动时间等等，通过一个个活动，幼儿逐步感知耐心的重要性。

活动四：挑战、测量高楼高度

活动目标

1. 不限定积木的块数，尝试叠得更高。

2. 在实践的基础上，尝试总结叠高的要领，以及在几种方法中找到能叠得最高的方法。

3. 体验耐心，能倒塌后不放弃，继续坚持，挑战叠高。

活动准备

若干叠高积木，每人一个筐。

活动过程

1. 阐述任务。

2. 讨论：怎样可以搭得高。

（1）我们有哪些叠高楼的方法？教师引导幼儿回忆并展示前几次获得的有关叠高楼的几种方法。

（2）这些方法各有什么优点和缺点？

（3）猜猜哪种方法可以搭得更高？为什么？

（4）要想搭得高，还需要注意什么问题？

3. 幼儿操作——叠高楼。

（1）教师告诉幼儿，这次不限定积木数量，鼓励幼儿要挑战新高度，争取比上次要叠得高。

（2）观察幼儿的叠高情况，有针对性地进行指导。

（3）测量每一幢高楼的高度并做记录。

4. 分享参观，总结经验。

（1）看一看、比一比，谁的楼最最高？用的是什么方法？

（2）在叠高的过程中遇到了什么问题？该怎么解决？

（3）叠高过程中高楼一次又一次地倒塌，这时，你是怎么做的？

活动分析

1. 自主探究，获得经验。不限定积木的块数，激发幼儿挑战更高的高度。要想获得成功，这时，不仅是叠高的方法，还有专注度、细致度和耐心等方面的因素。因此，在幼儿叠高楼之前以及叠高楼之后，教师都有意识地围绕这两个方面，通过提问、分享讨论，让孩子逐步了解和明白非智力因素在完成任务中的重要作用。

2. 耐心品质获得提升。今天在挑战过程中，许多的孩子出现了倒塌现象。“没关系，不放弃，重新再来”这是我们希望孩子们做到的，也是我们努力培养的品质。绝大多数孩子在尝试耐心和坚持，倒了重新再来，始终在坚持。

3. 挑战高度获得成功。为了让孩子具体感知到挑战目标，我将上一次的最高高度60厘米呈现在孩子面前，要求孩子能超越60厘米。这样的方法很好地激发了孩子们的挑战欲望，在叠高过程中，他们不时地要求老师帮他来量一量，看看自己高楼有没有超过60厘米。

活动五：儿歌——耐心的蜘蛛

活动目标

1. 感知动物的耐心，体会蜘蛛结网时的耐心。

2. 学会念儿歌《耐心的蜘蛛》。

活动准备

蜘蛛结网图、资料、动物界的耐心动物。

活动过程

1. 动物界里的耐心动物。

（1）请小朋友猜一猜哪些动物是非常耐心的？从哪里可以看出它很耐心？

（2）教师介绍动物的耐心行为，如：狼、蜘蛛、猫等。

2. 学习儿歌《耐心的蜘蛛》。

（1）观看蜘蛛织网的视频，感知蜘蛛是如何耐心地织网。

（2）教师朗诵儿歌《耐心的蜘蛛》。

（3）请幼儿说一说蜘蛛的耐心表现在哪里？

（4）学念儿歌。

3. 表演儿歌。

幼儿扮演蜘蛛，边念儿歌边表演蜘蛛耐心织网的样子。

4. 学习蜘蛛的耐心。

教师出示耐心区“刺绣”工作——一幅蜘蛛网的图案，请幼儿学习蜘蛛的耐心，一针一线地把蜘蛛网绣出来。

附儿歌

《耐心的蜘蛛》

有一只蜘蛛，
结网真辛苦。
风吹雨又打，
破了又再补。
当太阳出来，
风雨不摇摆，
耐心的蜘蛛，
一切从头来。

活动分析

通过观看视频和儿歌学习，孩子们对蜘蛛的耐心行为——织网有了较为丰富的感知。儿歌形象地展现了蜘蛛的耐心行为，而且押韵，念起来朗朗上口，孩子们一会儿就学会了。

利用蜘蛛的耐心，引发孩子也来耐心地“织网”——学习刺绣，在这样的情境下，孩子们一个个跃跃欲试，很有参与的兴趣。

活动六：两两合作叠高楼

活动目标

1. 与同伴一起叠高，学习与朋友一起商讨叠高中出现的问题，尝试与同伴共同解决。

2. 体验共同努力完成任务，感受合作的力量和乐趣。

活动准备

若干积木。

活动过程

1. 引出。

故事《一对朋友》，倾听故事并讨论：和朋友一起做一件事，有什么好处？

2. 布置任务。

（1）和朋友一起叠高。

说一说和朋友一起叠高与自己一个人叠

高有什么不同？好在哪里？会遇到怎样的问题呢？

（2）自主结交朋友。

3. 和朋友一起叠高。

（1）幼儿商讨选择叠高材料。

（2）商讨叠高方法，一起叠高。

4. 参观、分享。

（1）参观各个高楼并通过测量，看一看哪幢楼最高。

（2）每对朋友讲述自己和朋友叠高的情况，教师引导幼儿从叠高材料、叠高方法的确定上，叠高过程中的共同参与、问题解决，情绪表达上进行讲述。

活动分析

为了顺应孩子们的需要，我创设让孩子们自主结伴，和朋友一起来叠高楼的机会，让孩子也从中学习交往技能。让孩子结伴叠高，可以进一步激发兴趣，同伴间的相互学习，又可以起到相互促进的作用。

从叠高楼的情况看，有许多组未能完成任务，主要原因在于相互配合上，因此，这对孩子来说是一个很好的体验和学习合作的机会。利用这一点，充分展开讨论，"为什么没有成功？""下次该怎样做？"深刻地体验到一起搭，要更好地发挥作用，是要每一个人都出力的。

另外，针对因自主结伴出现的问题，伙伴改为由教师指定，老师在搭配上进行了一些调整：能力强的与能力相对弱的、活泼好动的与内向文静的、任务意识强的与任务意识弱的孩子，有意识地进行搭配后，各个组完成任务的情况有了好转。

活动七：小组合作叠高楼

活动目标

1. 运用围合的方法进行叠高，学习耐心细致地一层一层地叠放整齐。

2. 小组合作叠高楼，能积极地参与活动，不游离，能为叠高楼任务尽一份力。

活动准备

各式积木。

活动过程

1. 引出。

倾听故事《蚂蚁搬西瓜》，感受合作的力量，以及合作中的齐心协力。

2. 交代任务。

上次，我们发现围合方法是可以搭得最高的叠高方法，今天，我们用围合的方法叠高楼，小朋友5个人一组，分组进行比赛，看看在规定的时间里，哪一个组叠的高楼最高。

3. 叠高前讨论。

（1）用围合方法叠高需要注意什么？

（2）5人合作叠高楼，为什么要合作来叠高？5个人都负责叠高吗？出现拥挤怎么办？

4. 小组进行叠高。

教师观察各个组合作情况：首先每个成员有否都在参与、采用什么样的合作方式、叠高技能怎样等等，并进行相应的指导。

活动分析

小组统一采用"围合"方法叠高，为小组合作成功搭建支架。小组合作叠高楼，对中班孩子来说不是一件简单的事，涉及方方面面的问题：小组合作意识的建立、幼儿的合作水平、叠高的技能……为此，将叠高方法事

先确定,各个组都统一采用“围合”方法叠高,一方面降低了合作难度,另一方面“围合”法是最需要花大量时间,必须要有耐心、坚持才可行的方法,可以有效地培养幼儿的耐心。从活动的实际效果上看,采取这样的策略是需要的。

合作中出现的问题:个别幼儿处于游离状态,没有参与到活动中去;组意识不强;叠高技能仍需不断练习。

活动八:各种各样的大高楼(绘画)

活动目标

1. 大胆表达,充分发挥自己的想象。

2. 初步了解遮挡的画法,在画面中进行表现。

活动准备

各种高楼的图片。

活动过程

1. 欣赏城市里大高楼的图片。

幼儿说一说这些高楼长得什么样?自己还看到过怎样的高楼,喜欢怎样的高楼?

2. 教师描绘高楼。

教师描绘自己看到过的高楼,并与幼儿讨论:如果后面的高楼被前面的高楼遮挡住了一部分,那该怎么来表现?

3. 幼儿创作。

幼儿画高楼,教师提醒幼儿高楼要画得直、画得高,画出不同形态的高楼

4. 参观、欣赏。

活动分析

本次活动的教学重点是画出遮挡状态下的高楼。通过教师示范以及讨论,问题得到了解决。在对各种高楼的创作上,孩子们大胆发挥了自己的想象力和表现能力,画面效果也不错。

活动九:杭州城里的大高楼(情景叠高)

活动目标

1. 合作叠高并建构城市里的情景,进一步体会合作。

2. 构建各种各样的高楼,给自己的高楼命名,激发成就感。

活动准备

各式积木。

活动过程

1. 引发任务。

说说杭州城市的风貌。

2. 情景叠高——城市大高楼。

(1)幼儿两人为一组,合作建构。分教室、阳台、午睡室三块区域。

(2)幼儿叠高楼,创造各种各样的高楼,并给自己的高楼取一个名字。

(3)将各幢高楼进行道路连接,并建构花园、树木、桥梁等,展现城市情景。

3. 参观展示。

(1)幼儿介绍自己的高楼,以及城市情景里的其他建筑。

(2)说说自己在搭建时遇到的问题,或是与同伴合作的问题。

活动分析

构建城市情景又再一次地激发了幼儿的叠高兴趣和愿望。从呈现的效果来看,很震撼,孩子们都忍不住地为自己鼓起掌来。情景的设置为孩子自主创造提供了很大的空间:不仅在叠高楼上,在构建道路以及其他的建筑时,孩子们都展现了丰富的想象力。为自己的高楼命名为“愤怒小鸟家”、“中四班小朋友的家”、“旋转大楼”等,还构建了桥梁、高架、隧道、花园、游乐场等。

几次的合作经历,让孩子们逐步积累了交

往经验，在参与性、协商沟通方面都有了很大的进步。

五、主题反思

在主题进行中，我深刻地体会到，耐心培养过程中需要关注的要点：

1. 将情感体验与行为实践相结合。

幼儿行为品质的培养，需要重视幼儿内心体验的积累以及行为实践的过程，不能仅仅停留在口头说教上，因此，在开展耐心的主题活动中，我们抓住幼儿感兴趣的，能亲身实践的情景活动，来帮助幼儿获得多方面感知体验。在塑造相应的行为同时，幼儿的行为水平不断提高，这体现了耐心的发展过程。

2. 以“叠高楼”为着手点，开展耐心活动。

我们选取了积木叠高“搭房子”。用积木来叠高楼，高楼越高越好，这是一个需要静下心来，坚持不懈、很有耐心的过程。因为在搭的过程中，高楼时常会因为不小心而倒塌，会随着高度的递增而不断地出现“危机”。面对

这一状况，是坚持到底，还是就此放弃？是大发脾气还是调整情绪、心平气和、不急躁？这一过程就是孩子们需要不断体验和学习，获得耐心品质的过程。

3. 技能的探索与耐心品质的养成，同时并进。

对中班的孩子来说，有一定的积木叠高的经验，日常中，孩子们会用积木搭房子、搭城堡，有一些垒高的意识和粗浅技能。但是叠高有哪些方法？如何可以叠得又高又稳？这些问题还需要孩子们集中地、进一步地去探究。因此，在叠高楼的主题活动中，对叠高技能的探究亦是主题中的一条非常重要的行进线索。在探究叠高方法、对高度挑战过程中发展幼儿的动手、动脑的能力。

4. 关注个别差异，开展表现性评价。

在叠高楼的过程中，我们发现孩子的个体差异很大，不论是叠高技巧还是耐心品质的表现方面。因此，在主题活动中，我们有意识地对孩子的行为、语言进行观察，及时进行记录、进行针对性的指导，尽量促使每一个孩子在他现有的水平得到提高。

同时，设计表现性评价表，科学、客观、全面地对幼儿的发展状况作出判断，真实反映幼儿的发展水平，

我们设定与主题活动相匹配的评价指标，内容包括幼儿在活动中的叠高技巧、同伴交往、耐心品质三方面。并结合主题活动的过程展开评价，将评价与活动过程环环相扣、随主题活动内容层层递进。依照主题开展的前阶段、中阶段、后阶段三个阶段，分别进行三阶段的评价，以呈现幼儿在主题行进中的发展轨迹。

趣味拼图

陈芳芳　赵 然（中班）

一、主题实施背景

俗话说，“心急吃不了热豆腐”，任何事物的发生、发展、结束都有一个时间过程。因此，要想得到一定的成功，耐心是必不可少的。现在很多孩子的耐心都不够，在学习甚至是游戏的时候都很容易轻言放弃，达不到要求时很容易闹情绪、发脾气；做事情往往虎头蛇尾，刚开始时兴致勃勃但却难以坚持到底。

本学期全园联动主题是“耐心”，耐心是一种重要的学习品质，是通往成功必不可少的基本要素。耐心是可以培养的，对于处在学习品质养成阶段的幼儿来讲，耐心的培养是一个特别重要的方面。耐心对于幼儿的学习能力、情绪调节、处理问题等方面都有着良好的推动和调节作用。

“拼图”是一种非常适合幼儿玩的智力游戏，它变化多端，难度不一，让人百玩不厌，不仅对发展孩子的观察力、判断力、空间方位能力有很大好处，而且通过玩拼图可以培养孩子的专注力和耐心。在这个主题中，我们根据孩子认知能力和耐心潜在水平，确定了以 40 片为基础进而逐步进入 80 片、100 片、150 片、550 片和 1000 片拼图层层递进的主题开展思路。层层递进的拼图难度，增加了孩子的挑战兴趣，提高孩子参与活动的积极性。在主题的开展中我们明确耐心的主题目标的同时也兼顾了孩子的情感能力培养。设置了两两合作、三人合作、小组合作的活动方式，引导孩子一起协商、友好合作共同努力完成任务。在合作中引导孩子合理应对、学习处理不同矛盾冲突，从而启发孩子正确表达情绪，并用有效的方式解决同伴间的纠纷，提高孩子的情绪处理和解决问题能力。

二、活动前准备及相关环境创设

准备：

40 片、80 片、100 片、150 片拼图每人一份，550 片和 1000 片拼图各一份。

环境创设：

1. 主题墙张贴各种拼图的有趣图片。
2. 划分一块区角区域，供孩子自主活动时玩拼图。
3. 美工区投放彩纸、剪刀、各色水笔等，让孩子自由学习动手制作拼图。
4. 家园合作：和孩子一起收集多种拼图，进行亲子活动，培养孩子认真、坚持完成一件事情的良好习惯。

三、主题总目标

1. 学习拼图的基本方法与策略，尝试专注、认真、持续地进行拼图活动。
2. 不怕难不怕多，能坚持完成片数不等的拼图任务。从中初步理解耐心的真正含义。

3. 在拼图活动中，学习简单的行为自控、情绪调节和交往方法，养成良好的个性品质。

四、主题活动过程

活动一：趣味拼图40片（一）

活动目标

1. 初步尝试玩拼图，可以单独进行，也可以寻找一位朋友，两两进行。

2. 在活动中，专心完成拼图任务，仔细观察图片细节。

活动准备

40片拼图人手一份、拼图小窍门记录表。

活动过程

1. 出示40片拼图，观察拼图图案，激发幼儿兴趣。

2. 幼儿回忆已有经验，初步讨论拼图的方法。

3. 幼儿尝试拼拼图，人手一份拼图进行活动，教师观察指导。

4. 集体讨论，寻找拼拼图的方法，教师进行图画记录。

活动分析

经过前期初步的了解，中班后期的幼儿进行40片拼图难易程度比较适宜。在活动开始前，幼儿看到拼图后很感兴趣，个别幼儿有过玩拼图的相关经验。在讨论有关拼图方法的环节，幼儿能回忆已有经验，但由于幼儿之前玩的拼图片数比较少，大部分幼儿都是刚开始接触40片拼图，拼图的速度比较慢，大部分幼儿需要30~40分钟才能完成，个别幼儿有一定困难，需要同伴或者老师协助才能完成拼图。在拼图的过程中，有个别幼儿在面对难以完成任务时会出现发脾气、哭等不良情绪表现。孩子的专注力和情绪处理能力还需要加强和引导。

活动二：趣味拼图40片（二）

活动目标

1. 一人一份等量拼图，引导孩子通过观察、比较等方法快速完成拼图。

2. 在活动中进行计时比赛，体验活动的快乐。

活动准备

40片拼图人手一份。

活动过程

1. 回忆玩拼图的方法，说说有哪些小窍门。

2. 出示拼图窍门记录表，教师示范讲解拼图的方法。

3. 集体讨论：面对困难可以怎么做?

4. 计时拼图比赛。讲解游戏规则，每人选一幅40片拼图，在30分钟内进行比赛，看谁能以最快的速度完成拼图。

5. 活动结束，教师进行点评指导。

活动分析

经过第一次的玩40片拼图，幼儿对拼图的方法都有了一定的把握。在区角活动、自由活动和家长配合下，幼儿在原有拼拼图的基础上还找到新的方法：根据嵌板上“影子”的形状来寻找合适的拼图；先拼边上一圈再拼

中间。同时,老师进行了耐心、坚持、寻找帮助等情感铺垫,为幼儿有目的地耐心完成拼图任务有一定的辅助作用。在活动中,大部分幼儿能够在30分钟内独自完成拼图,顺利完成后很兴奋,体会到竞赛玩拼图的乐趣。

活动三:趣味拼图80片(一)

活动目标

1. 尝试单独进行80片拼图拼搭,能耐心、有效地进行活动。

2. 在活动中能够专心拼图。

活动准备

80片拼图人手一份。

活动过程

1. 集体讨论,回忆玩拼图的方法。

2. 出示80片拼图,观察与40片拼图的不同之处。引导幼儿观察拼图的画面和图案,培养幼儿细致的观察能力。

3. 幼儿人手一份拼图,独自进行80片拼图的拼搭,教师巡回指导。

4. 拼图结束,集体讨论:在拼80片拼图时你遇到什么问题,有什么办法可以解决?

活动分析

在前面拼40片拼图的过程中,孩子们基本上能够在20~30分钟内完成一幅拼图。80片拼图在数量上有了很大的提升,一部分幼儿表现出乐于挑战;同时,上了一个台阶的难度水平让部分幼儿感到了一定的退缩。在这次活动中我们没有进行紧张的时间限制,让孩子们能够静下心来耐心地拼拼图。最终,在一个小时的时间里,绝大多数的幼儿都能陆续完成任务。但由于拼图片数的大量增加,出现了拼图丢失,几个人的拼图混在一起等情况。看来幼儿的拼图管理能力需要加强。

活动四:趣味拼图80片(二)

活动目标

1. 尝试单独进行80片拼图拼搭,能耐心、有效地进行活动。

2. 在活动中,专心拼图。

活动准备

80片拼图人手一份。

活动过程

1. 集体讨论如何保管拼图。

2. 出示80片拼图,进行观察,寻找自己感兴趣的拼图。

3. 幼儿选择拼图，独自进行80片拼图的拼搭，教师巡回指导。

4. 拼图结束，集体讨论：你的拼图有没有少？是怎么保管拼图的？

活动分析

在上次玩80片拼图中，拼图损坏、缺少的情况比较多。拼图的完整性不够，不仅表现出幼儿的自我管理能力不足，同时残缺的拼图带给人的成就感和喜悦感也会大打折扣。因此在耐心完成拼图之外，细心地保管拼图也成为一个特别需要注意的方面。在本次活动中，经过事先的讨论和中间不断的提醒，幼儿保管拼图的情况有了很大的改善。

活动五：趣味拼图100片（一）

活动目标

1. 尝试两两合作进行100片拼图拼搭，耐心地完成拼图任务。

2. 运用一定的技巧和方法进行拼图的拼搭。

3. 大胆表达自己的想法，能友好地合作，相互协调地进行活动，感受合作的乐趣。

活动准备

100片拼图若干幅。

活动过程

1. 出示100片拼图，观察与80片拼图的不同之处（数量、大小、图案）。

2. 讨论两人合作玩拼图的好处：两个人一起玩拼图有什么好处？怎么样才是合作？

3. 幼儿两两合作玩一幅拼图，教师巡回指导。

4. 活动小结。

活动分析

由于拼图的数量增加，幼儿有了更高的挑战目标，独自完成有一定的困难。因此，我们让幼儿两两合作进行拼图游戏。初次尝试两两合作，幼儿出现了很多的问题，比如争吵、争抢拼图；有的人只顾催别人，自己懒得动手等。友好合作的意识和策略还需要加强。同时由于变成盒装的拼图少了底下的嵌板，幼儿拼起来更为耗时，耐心也更加需要加强。

活动六：趣味拼图100片（二）

活动目标

1. 尝试两两合作进行100片拼图拼搭，耐心地完成拼图。

2. 运用一定的技巧和方法进行拼图的拼搭。

3. 大胆表达自己的想法，能友好地合作，相互协调地进行活动，感受合作的乐趣。

活动过程

1. 集体讨论友好合作的方法。

2. 教师记录、整理幼儿商量的办法。

3. 幼儿寻找同伴，两两合作进行拼图游戏。

4. 总结、评价。

活动分析

在之前的玩100片拼图中，幼儿合作的水平和层次比较低。出现了自顾自地玩拼图、争吵、嘲笑、打闹等多种情况。在本次活动中，教师事先和幼儿讨论了怎么样才是友好合作地玩拼图，怎样处理合作中的问题等等。活动中，两两合作比较顺利，幼儿基本上能够友好协商，完成拼图的速度也有所提升。

活动七：趣味拼图150片（一）

活动目标

1. 尝试三人合作进行150片拼图拼搭，耐心地完成拼图。

2. 运用一定的技巧和方法进行拼图的拼搭。

3. 能友好地合作，相互协调地进行活动，感受合作的乐趣。

活动准备

三人一份150片拼图。

活动过程

1. 回忆讨论：在玩100片拼图时，两两合作又快又好完成拼图的方法有哪些？

2. 讨论三人合作拼图的方法。

3. 教师总结、记录幼儿提出的合作方法和注意事项。

4. 观察150片拼图和100片拼图的区别：片数更多，每一块拼图更小，有图片可以参考。

5. 幼儿三人合作进行拼图活动，教师巡回指导，幼儿分工、分区块进行拼搭。

6. 评价、小结。

活动分析

班上绝大部分150片拼图都是盒装的，这和之前的拼图有很大的不同，同时150片在数量上有了一个提升，三人合作更为合适。由于之前有过两两合作的经验，三人合作进行得比较顺利，但拼拼图的速度还需要加强，只有个别组能在规定时间内完成任务，合作策略有待继续提升。

活动八：趣味拼图150片（二）

活动目标

1. 在三人合作进行拼图拼搭中，能有意识运用一定的拼搭技巧。

2. 在活动中统计合作拼搭拼图的数量，快速、有效地完成拼图。

活动准备

三人一份150片拼图。

活动过程

1. 回忆讨论：三人一起拼150片拼图的有效方法。

2. 出示记录表，总结、记录有效的方法和注意事项。

3. 提出时间要求，40分钟内三人一起合作完成拼图。

4. 三人进行拼图活动，教师巡回指导。

5. 评价、小结。

活动分析

在三人友好合作的基础上，这次活动中我们对完成拼图的时间进行了规定，力求通过时间限制来促进三人合作层次的进一步提升，引导孩子用分工合作、互相帮助、互相鼓励等积极的合作方式来完成拼图。在拼图活动中，孩子们的互动得到加强，三人合作的矛盾逐渐减少，合作的效率大大提高。

活动九：趣味拼图 550 片

活动目标

1. 集体按拼图背后的数字先分组拼搭，再组合拼搭。

2. 与同伴友好合作，相互协调地进行活动。

3. 感受大拼图作品带来的乐趣和成功感。

活动准备

550 片圆形拼图一幅。

活动过程

1. 观察 550 片拼图的盒子图案，了解拼图完成后的样子，激发幼儿的活动兴趣。

2. 分组找到拼图背后 13 种不同的数字。

3. 教师讲解拼图的方法和规则。

这幅圆形的 550 片拼图由 13 个数字的拼图组成，每一个数字拼好就是一圈，每组负责完成一部分拼图，最后组合拼到一起。

4. 幼儿分组合作完成部分拼图。

5. 每一组的拼图从里到外按顺序拼在大纸上，完成拼图。

6. 评价、小结。

活动分析

在两两合作、三人合作的基础上，我们进入到了小组合作的阶段，有了之前的合作经验，幼儿基本上能够合理分工，根据不同的特长来进行拼图活动。在这个过程中，幼儿很享受最后的组合环节，看到大家的拼图能够拼在一起变成一幅完整的大拼图时，感受到了合作的乐趣。同时，圆形的拼图对孩子来说也是一个新的兴趣点，拼成圆形的拼图让大家感觉很新奇。

活动十：趣味拼图 1000 片

活动目标

1. 集体按拼图背后的数字先分组拼搭，再组合拼搭。

2. 与同伴友好合作，相互协调地进行活动。

3. 感受挑战大拼图带来的乐趣和成功感。

活动准备

1000 片拼图一份、小碗 25 只，白纸若干。

活动过程

1. 观察 1000 片拼图背后的数字，集体讨论如何拼拼图。

2. 教师示范如何利用数字拼拼图，把同一部分的数字拼图找到，拼在白纸上，完成拼图的一部分。

3. 幼儿区分不同的数字拼图，每一个数

字放在一个小碗里，共有25份。

4. 幼儿分小组选择数字拼拼图，每组拼5个连续的数字拼图。

5. 每一组把拼图拼在一起，完成拼图的五分之一部分。

6. 把每一组的拼图拼在一张大图上，拼成完整的1000片大拼图。

活动分析

1000片的拼图相比之前的拼图在背后多了数字标志：总共有25个数字，每个数字有40片拼图。班上25名幼儿分小组每组负责一块区域，也就是每个人负责一个数字，小组成员可以合作拼，也可以单独拼好之后再合作拼在一起。在拼之前经过了数字分类、图片观察、背后数字标志观察，让幼儿可以从多方面进行拼图。看着大家的拼图最终能从小变大，最后变成一幅1000片的大拼图，孩子们都很兴奋，一再围观、介绍与小组同伴一起完成的部分，自豪感、成就感溢于言表。

五、主题活动反思

1. 科学调查，设计难度逐步上升的拼图任务层次。

在活动开始前，我们对幼儿接触拼图的基本情况，市面上拼图的基本种类和拼图数量等进行了了解和调查。经过各个方面的考量，结合本班级幼儿拼图的基本水平，最终确定了以40片为基础进而逐步进入80片、100片、150片、550片和1000片拼图的层层递进的主题开展思路；其中拼图的方式从个人到两人合作再到三人合作和小组合作完成拼图，这样的层层递进开展活动。层层递进的拼图难度和组织方式，增加了孩子兴趣，提高了孩子参与活动的积极性。

2. 给予孩子充分的时间和机会尝试练习，开辟区域引导幼儿自主地玩拼图，在自由活动中提高拼图水平。

除集中活动之外，我们设置了拼图耐心区，让幼儿自由学习、练习、游戏，给幼儿更大的操作平台和同伴互学的机会。主题中的有些活动目标在一节课时内难以达到，可以在拼图耐心区进行补充和提升，从而达到基本的水平，进而推动主题的顺利开展。

3. 拼图技能与耐心的培养。

教师需要不断引导、鼓励孩子，也需要给予孩子一定的等待时间和自我发展的空间，只有在边引导边等待的过程中，不断帮助孩子强大自我，才能收到相对满意的效果，才能发现孩子在耐心合作方面的质的飞跃。

4. 活动中幼儿合作能力的培养。

两两合作共同完成拼图的过程，是给予孩子一定的任务，在完成任务的过程中，在亲身体验的过程中，引导孩子关注同伴，尝试理解同伴的情绪、行为、语言等，从而采取合适、恰当的行为，以获得更多同伴的欢迎，提高、稳固自己的同伴地位。也从频繁的交往接触中，不断提高自己的交往策略与技能。

折纸工作坊

● 顾春霞　徐青芳

一、主题实施背景

联动主题《耐心》在全园拉开了帷幕。我们知道，耐心是孩子未来成功的关键因素之一。培养孩子的耐心不仅对他在学习上有帮助，而且对他今后的人生道路也有很大的影响。怎么培养孩子的耐心？怎样的内容孩子感兴趣呢？需要我们的思考。

《折纸工作坊》是介于全园联动主题《耐心》中的一个支点。一方面我们发现在折纸的时候需要有强有力的耐心才能完成，它不仅要幼儿认真地学，而且对技能的要求非常高，如果稍有不对齐，整个作品的美观度就会大大降低，所以它是培养孩子耐心的一个很好的媒介，也是技能训练的一个很好方法。

另一方面结合中班的年龄特点和班级情况来选择这个内容，有助于幼儿长远的发展。

有一天，有个孩子拿了很多的不同折法的小飞机来幼儿园分享，这个小飞机是他和爸爸妈妈一起折的，每只小飞机都代表了他一份心、他的自豪。当他把小飞机分享给同伴的时候，小朋友兴奋不已，都夸奖这个孩子怎么这么能干，能折出这么多的飞机，有些孩子拿着小飞机左看看右摸摸；有的比赛谁飞得远；有些孩子把自己当成机长随意的飞翔；看着孩子们这么自在地游戏，我心想：这是多么好的切入点啊？于是我们的主题《折纸工作坊》也在不知不觉中展开了。

二、主题活动总目标

1. 尝试用各种形状的折纸折出各类不同的折纸作品，如动物类、交通工具类、服饰类、植物类、生活用品类等，并学会看一些简单的折纸示意图。

2. 能耐心、细心地坚持完成折纸作品，体验折纸的快乐。

3. 尝试同伴合作折出主题式的折纸作品，如动物园、海底世界、美丽的花园、热闹的马路等大型的集体折纸作品，感受集体合作的快乐和成功感。

三、主题环境创设

主题墙：张贴各种折纸的作品，激发幼儿对折纸的兴趣，并且愿意尝试折纸。

美工区：幼儿通过简单的示意图进行折，学习一些简单的方法。

科学区：1. 幼儿尝试用不同的纸张进行折纸，比较哪种折纸适合折。2. 学习折叠喜欢的图形，并能统计出总数。

表演区：折个折纸的作品：花、帽子等，装扮自己并表演。

四、主题活动过程

活动一：折纸大欣赏

活动目标

1. 欣赏各种折纸的作品，激发幼儿对折纸的兴趣。

2. 感受博大精深的折纸文化，激发折纸的欲望。

活动准备

各种折纸作品。

活动过程

1. 引出活动，激发兴趣。

2. 欣赏折纸作品。

提问：刚才在看到的作品有什么？你知道它是怎么折出来的吗？你最想学什么？

3. 总结。

活动分析

这个活动是在前期孩子带来作品分享后的一个延伸，也是主题的开始。前期的折飞机已经让孩子们产生了很浓的兴趣，基于此，我们马上让孩子们欣赏各种不同的折纸作品来激发孩子们的兴趣和欲望。当孩子们欣赏到了各种不同的折纸作品后，大家都发出了各种不同的惊叹声，并且还说"我也要学"，可见，他们对折纸已经有了一定的兴趣，但是也有孩子说：怎么这么难啊？这个怎么折啊？我们知道做任何一件事情都需要耐心，所以接下来的活动中我们让孩子说说你知道的耐心。

活动二：耐心

活动目标

1. 通过谈话大胆地表达对耐心的理解，并分享交流做什么事情要有耐心。

2. 在耐心体验中了解耐心的重要性，并培养耐心的品质。

活动准备

人手一本书籍。

活动过程

1. 谈话引出。

2. 耐心的理解。

提问：(1) 你知道什么叫耐心吗？（坚持不懈、不急躁、认真等）(2) 做什么事情需要耐心？

3. 耐心体验。

(1) 教师：现在老师请小朋友来体验一下耐心，我请每个小朋友拿一本书，要求：10分钟时间里认真的看书，并且不发出声音。

(2) 体验耐心。

4. 分享交流。

(1) 说一说刚才的体验中的一些经验、内心的感受等。

(2) 教师总结：耐心可以让我们学会很多东西，并且完成得非常好。

活动分析

这个活动让幼儿大胆地表达了自己对耐心的理解和感受，孩子对耐心的大部分意见就是要认真坚持完成一件事情，并且总结了自己哪些方面应该要有耐心，为什么要有耐心？在活动中集体的耐心体验更加让幼儿有个比较，可以通过同伴的学习来激发自己耐心的品质。接下来的活动我们通过折纸这个媒介让幼儿提升耐心的品质。

活动三：折纸大探索

活动目标

1. 通过观察探索折纸的方法和技巧，并能大胆地表达自己的想法和感受。

2. 尝试看示意图用不同的方法折，激发折纸的欲望。

活动准备

人手一张纸、各种折纸的方法图等。

活动过程

1. 尝试折纸，引发兴趣。

（1）教师发给幼儿人手一张正方形纸，提出任务：怎么样把一张正方形纸折成三角形？

（2）幼儿进行尝试。

（3）相互检查，分享经验。教师：为什么有些孩子对的很整齐，有些孩子就有点歪歪扭扭呢？引出对折的概念。

2. 学习折纸的方法。

（1）出示一些示意图，让幼儿讲述图片上折的内容是什么？

（2）幼儿自由选择一种示意图进行折叠。

3. 分享交流折的方法和经验。

（1）幼儿大胆地表达折纸的方法和经验。

（2）大胆地示范，并可以教会自己的同伴。

活动分析

活动中让幼儿先是探索一些简单的折纸方法，之后让幼儿看示意图折，不仅培养幼儿的耐心，还可以让幼儿去探索，使活动增加了孩子的自主性。在活动中大部分幼儿能折得比较整齐，而有些孩子贪快，随便一折，对于这些孩子，老师还是很耐心地教会孩子一些方法，并让幼儿再次进行练习。所以在活动结束前，全部幼儿已经学会了一些简单的折纸方法。同时在这个活动中多了和同伴交流的机会：老师让会的孩子去教一些不会的，使幼儿与幼儿之间相互学习，这样的方式也让孩子非常接受，活动的效果也比较好。

活动四：折纸的符号

活动目标

1. 学习看简单的折纸符号，并能根据折纸的符号进行折叠。

2. 体验折纸的乐趣，培养孩子的耐心。

活动准备

各种折纸的符号。

活动过程

1. 折纸书引出主题。

欣赏幼儿带来的折纸书本，引出里面的符号代表着什么？

2. 介绍各种折叠的符号。

学习一些折叠的符号，并且告诉孩子这个符号代表的意思，和孩子一起折一折。

3. 幼儿学习折叠。

幼儿根据折叠的符号进行折纸，学习符号代表的意思。

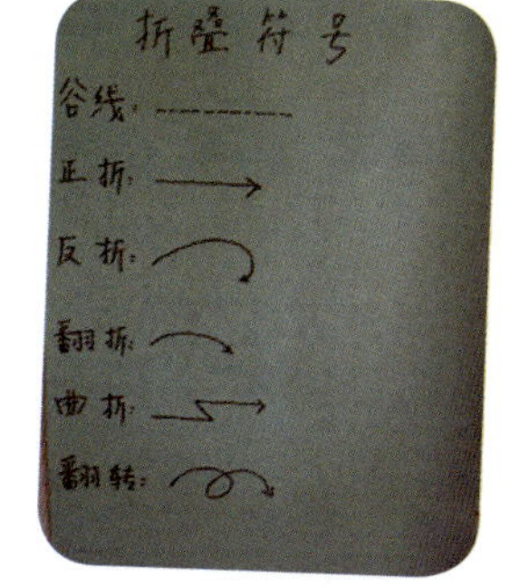

活动分析

认识一些折叠符号是为了让孩子能看一些示意图，并能自主地学习，期间我挑选了一些比较常见的折叠符号，这些符号在我们平时的书籍和图片上基本上都能看到，孩子们通过这样的学习提升了折纸的技能，以便独立学习各种折纸的作品。

活动五：折纸工作坊——扇子、花园里的蝴蝶

活动目标

1. 学习用正反折的方法折扇子和蝴蝶，并对自己的作品感兴趣。

2. 提高折纸的技巧，增进孩子的自信心。

活动准备

人手一张手工纸。

活动过程

1. 用谜语引出活动。

夏天到，要用它，摇一摇，真舒服。（扇子）

2. 扇子的折法。

（1）教师出示长方形、正方形的纸。

（2）示范扇子的折法。

3. 幼儿尝试学习扇子的折法。

教师适当地进行个别指导。

4. 分享经验。

说一说自己折扇子的经验，并和同伴一起玩扇子。

活动分析

这次折扇子主要是培养孩子的技能，在技能的基础上提高孩子耐心的品质。因为这次的折法基本上都是同一种，要对得很整齐，看似简单的内容，对于孩子的要求是比较高的。在活动中很多小朋友都表现得很积极，并且很细心。

折蝴蝶的活动是在折扇子的基础上进行创编，因为蝴蝶和扇子的折法是一样的，只是最后呈现的效果不一样，看到同一种折法能变出不同的物品，孩子们都很感兴趣，并且表现得很积极，最后他们用一些毛茛装扮成蝴蝶的触须，非常漂亮。

活动六：折纸工作坊——可爱的小兔、小猫

活动目标

1. 学习用三角形折叠出可爱的小兔子和小猫，激发孩子对折纸的兴趣。

2. 体验折纸带来的快乐，并能分享自己的折纸技术。

活动准备

幼儿人手一张正方形纸、笔等。

活动过程

1. 激发兴趣,引出活动。

2. 示范折叠。

（1）教师示范折兔子的步骤,激发幼儿对折纸的兴趣。

（2）讲述在折纸过程中的难点,让幼儿自由提问。

（3）再次示范。

3. 幼儿操作练习。

帮助个别能力较弱的孩子。

4. 分享交流自己的作品。

给小兔子画上身体、眼睛等,并和同伴交流。

活动分析

折小兔是在折三角形的基础上进行再次折叠完成的,因为前期我们对三角形的折法已经比较熟悉,所以接下来的两个步骤对于孩子来说并不是很难。但是在活动中我们发现,还是有个别能力较弱的孩子折得还不够细致,对步骤的顺序有点陌生,所以老师进行了再次指导和帮助。最后我们让孩子们画上小兔子的眼睛、嘴巴等,看得出,当孩子们完成作品后,表现得非常高兴和自信。

活动七：折纸工作坊——美丽的服装（一）（二）

活动目标

1. 学习折叠不同类型的衣服,提高幼儿的折纸技能。

2. 能和同伴一起装扮衣服,体验同伴合作的快乐。

3. 体验折纸的不同乐趣,激发幼儿的折纸兴趣和欲望。

活动准备

正方形和长方形的纸张若干。

活动过程

1. 出示教师折叠的大衣服,激发幼儿的兴趣。

（1）教师：今天老师带来一样东西,你们想不想看看是什么?（大衣服）你们知道这件衣服是用了多大的一张纸折出来的吗?

（2）教师出示大的纸张,激发孩子对折纸的欲望。

2. 教师示范讲解折叠的方法。

3. 幼儿学习折叠。

4. 装扮衣服。

5. 分享交流。

活动分析

折叠一件大的衣服都会让幼儿觉得这是一件不可思议的事情，而且都很想自己试一试怎么折，这任务大大激发了幼儿的参与兴趣。本次的活动对于孩子来说有一定的难度，不仅是因为折纸的步骤多，更是因为需求的技巧非常多。但是这一点也没有阻止孩子对折纸的探索，每个孩子都很耐心地倾听老师的讲解，并且一步一步地按照要求折，不懂的地方就及时问同伴和老师，最后在大家的相互帮助和老师的指导下，顺利地完成了任务。

活动八：折纸工作坊——各种各样的船

活动目标

1. 能用双正方形、长方形折叠出不同的船，体验折纸的乐趣。

2. 能大胆地表达出在折纸过程中遇到的困难，并为自己能折出作品感到自豪。

3. 能坚持完成作品。

活动准备

幼儿人手一张正方形、长方形的纸张。

活动过程

1. 提出任务，引出兴趣。

（1）教师出示长方形、正方形的纸张。

2. 讲解示范小船的折法。

教师讲解示范，并且指导个别能力较弱的孩子。

3. 幼儿自由操作。

4. 分享经验。

一起开小船，幼儿选择自己喜欢的小船到小水池里去开一开，玩一玩并结束活动。

活动分析

这个活动是要学习多种不同的船的折法，这也是这个活动的难点。对于有些孩子来说要掌握不同的折法有一定的困难，并且手的协调性还不是很好，所以老师也进行了很多指导。一部分孩子能很快掌握方法，而且不厌其烦地进行折叠。让他们去帮助能力较弱的孩子，在他们的带动下，很多孩子都能完成作品。

活动九：小组合作——1. 美丽的花园 2. 花园里的蝴蝶 3. 风铃 4. 鱼 5. 花球 6. 千纸鹤

活动目标

1. 能和同伴一起讨论合作的项目、内容等，激发同伴合作的兴趣和欲望。

2. 能积极地完成合作项目，体验同伴合作的快乐。

活动准备

各种折纸、皱纸、剪刀、毛莨、胶水等。

活动过程

1. 任务引出。

教师：前段时间我们学习很多折纸的内容，今天我们要小组合作来完成一个作品。

2. 小组讨论合作的内容。

小组讨论出自己组要折叠的内容，并且讨论出每个人承担的任务。

3. 小组制作合作的作品。

教师进行个别指导。

4. 分享小组的作品。

活动分析

本次是小组合作的一个活动，合作的内容分成两种，一是折同一种内容最后拼在一起变成一样东西，如：千纸鹤、花球、鱼、风铃等；另一种需要折不同的东西最后进行装扮，所以对孩子来说也是一种挑战。在小组操作的时候考虑到孩子的能力水平，所以老师适当介入。当大家把自己组的作品进行呈现的时候，老师也非常的感动，因为他们的合作是那么的出色，每个孩子勇于担当自己的角色，并且和同伴分享交流。

活动十：集体合作——好看的房子

活动目标

1. 学习各种房子的折法，并能装扮成好看的城市。

2. 能在集体中分担自己的任务，并体验集体合作的乐趣

3. 能坚持完成作品，在活动中表现出耐心的品质。

活动准备

各种纸张、笔、剪刀等。

活动过程

1. 背景图引出。

（1）一起来看一下 KT 版上有什么？（马路、汽车、红绿灯等）

（2）这张图上还少了什么？（房子）

2. 折叠各种不同的房子。

示范折叠两种矮房子。

3. 幼儿尝试折叠高低不同的房子。

（1）自由创作：尝试高房子的折法。

（2）学习矮房子的折法。

4. 张贴在图片上，体验集体的快乐。

活动分析

该活动是教会孩子房子的不同折法，并且去探索尝试高房子的折法。在学习的过程中，教师出示了一张背景图——马路，来激发幼儿的兴趣。当孩子们折好后进行张贴，每个孩子都表现得很积极，最后把所有的房子张贴好之后，所有的小朋友都鼓掌，还说我们大家都住在一起，体现了集体的意识。

活动十一：集体合作——海底世界

活动目标

1. 复习折叠各种水草和动物，并通过集体合作完成海底世界，体验同伴合作的快乐。
2. 能坚持完成作品，体验成功感。

活动准备

大的KT板一张、各种纸张、剪刀等。

活动过程

1. 提出任务。

教师：今天我们要完成一个集体的项目，要一起用折纸来完成海底世界。

2. 集体讨论海底世界要折的内容。

（1）海底世界里有什么啊？（幼儿回答）

（2）我们要怎么装扮这个海底世界呢？（集体讨论）

3. 分配任务。

小组分配：折不同的鱼、水草、画贝壳、折小船等。

4. 幼儿制作。

5. 集体汇总粘贴。

活动十二：自由拼插

活动目标

1. 学习折拼插三角形，培养其耐心。
2. 小组讨论自己组的拼插内容，并能尝试搭建。
3. 体验同伴合作的快乐。

活动准备

各种颜色的长方形纸、各种图片等。

活动过程

1. 欣赏各种拼插的图片，激发幼儿的兴趣。

（1）教师出示各种拼插的实物供幼儿欣赏，激发幼儿的兴趣。

（2）说一说对该作品的想法，激发折的欲望。

2. 示范操作拼插三角形的折法。

3. 幼儿学习折叠拼插三角形。

4. 尝试用拼插三角形拼插自己喜欢的物品。

（1）幼儿先尝试怎么样才能把两个三角形拼插起来。

（2）尝试拼插一些自己喜欢的物品。

5. 分享交流自己的作品。

活动分析

活动的主要内容是让幼儿学会拼插三角形的折法，这个内容孩子们基本上都已经掌握了。在尝试拼插的环节中，因为孩子的能力水平有限，很多孩子基本上都是拼插成一把刀、一支枪等等，老师没有做很多要求。所以接下来老师又提出了一个任务，回家和爸爸妈妈一起去完成一些拼插的作品，请孩子回家教会爸爸妈妈折三角形，也作为家园合作的一项内容。

活动十三：全园联动展示

1. 分配任务。
2. 布置场地。
3. 认真工作。

五、主题反思

折纸对孩子的好处不仅是因为它具有的审美能力的培养作用，更重要的是能培养孩子耐心的品质，主要有以下几方面体会：

1. 大量的折纸作品吸引孩子的眼球，激发孩子的折纸欲望。

在主题的开展过程中，教师、家长和孩子一起收集了大量的折纸作品，包括：书本、图片、立体作品，这大大激发了孩子对折纸的欲望和兴趣。可见，孩子们对折纸的兴趣非常的浓厚，这也为我们进行主题活动做了一个很好开始。

2. 丰富的经验操作，培养孩子的耐心品质。

在折纸的过程中需要不断练习和揣摩去学会它的技巧和方法，这就需要有足够的耐心才能完成。为了培养孩子的耐心，我们不仅让孩子学会各种折叠，还让幼儿进行耐心的训练。我们利用折纸作为媒介进行，比如请孩子们折一些双三角形的时候，不仅要会折，我们还请孩子们在规定的时间里完成，要求：在30分钟内你能折出多少又好又完整的双三角形。孩子们刚开始的时候都是非常认真地折

叠,可是时间过了一半之后,有些孩子已经不耐烦了,折纸的时候已经不那么仔细,眼睛也开始东张西望了,有些甚至跟边上的小朋友聊天,老师把这些片断都记录下来,在最后的分享交流的时候,我们一起总结经验,并讨论出策略——坚持、认真。每天我们都有这样的时段,在练习折纸的同时不知不觉培养了孩子的耐心。

3. 举一反三的折纸联想,培养孩子的创造性。

在折纸的过程中我们发现同种折纸的方法经过创新可以变化成不同的作品,比如小猫的折法,可以变成小兔,也可以变化成小狗,还可以变成郁金香;再如同种扇形的折法,不仅可以变成扇子,还可以变化成蝴蝶、叶子,更可以变化成鱼的鳞片等。折纸的内容让孩子有了更多的想象空间,培养了孩子的创造性。

4. 提高同伴交往能力,增进友谊。

在折纸的过程中除了学习个人作品外,我们还让幼儿进行合作,形式有互帮互助合作、小组合作、还有集体合作。我们请能力较强的幼儿带动其他的幼儿进行分享交流经验,并指导个别能力较弱的孩子,孩子之间进行互帮互学,同伴们交流的多了,感情自然而然也加深了。在多次的合作中,我们让幼儿进行讨论、分配,一起完成作品。当孩子们分享着自己的作品的时候,自信心提高了很多,同时他们的同伴交往能力也在合作的过程中得到了提高。

5. 家园积极配合,丰富了主题的开展。

在主题的开展过程中离不开家长的支持和配合。家长们和孩子一起收集各种折纸的书本和图片使我们的主题内容更加丰富;每次练习的一些折纸内容,使孩子们的技能提高了很多。在全园联动之前我们请孩子们和家长一起合作一幅折纸作品,当每个孩子拿着和爸爸妈妈一起完成的作品时,展现出了自豪,所以说家园的积极配合,让我们的主题更加丰富多彩。

香袋工作坊

陈慧虹（整理） 许 倩

一、主题实施背景与思考

全园联动主题确定为《耐心》之后，我们老师做了一些前期准备工作。收集了几个不同类型的香袋，挂在教室门口，空余时坐在教室的沙发上做起了香袋。刚开始，孩子们还不怎么关注，当香袋渐渐成型的时候，围在老师旁边的幼儿越来越多了，他们纷纷议论起来："我知道老师做的是香袋，要很有耐心才能完成的。""我奶奶教我做过粽子香袋，很好玩的。"此时，我们觉得是开展耐心主题的时候了。

从孩子的需要和兴趣出发，选择具有中国民间特色的"香袋"为素材，从了解香袋的来历、作用到收集有关香袋的材料；从学习各种缝法、绣法到尝试制作香袋。在制作过程中从易到难，层层递进，形式多样，让孩子在乐中学，在学中体验快乐，在快乐中培养耐心。

二、主题活动目标

1. 通过欣赏各种香袋，感受香袋丰富的图案及鲜艳的色彩，对香袋产生兴趣。

2. 了解制作香袋所需的工具和基本过程，掌握简单的操作方法。

3. 积极参与活动，能大胆尝试操作，在制作香袋过程中不断提高"耐心"。

4. 在欣赏、操作、展示等活动中体验制作成功的乐趣。

三、主题活动过程

活动一：漂亮的香袋

活动目标

1. 通过欣赏、交流活动，初步了解香袋的不同风格，感受香袋丰富的图案及鲜艳的色彩。

2. 能大胆地用语言表达收集香袋的感受和体验。

活动准备

幼儿和爸爸妈妈一起收集香袋。

活动过程

1. 引出主题，产生欣赏兴趣。

2. 幼儿自由介绍自己带来的香袋。引导幼儿说出自己带来的香袋的形状和色彩。

3. 在集体面前介绍自己带来的香袋，鼓励幼儿大胆地用完整的语言说出形状特征和色彩感受。

4. 观察和比较香袋的不同，知道香袋是民间手工艺品，是各种各样的。

5. 集体欣赏各种不同风格的香袋，表达自己内心的感受，产生制作香袋的兴趣。

活动分析

幼儿在欣赏漂亮的香袋时兴奋地叫了起来，“哇，太漂亮了”。是啊，这与幼儿之前对香袋的认识可是天差地别的，这充分激起了幼儿对香袋的兴趣。

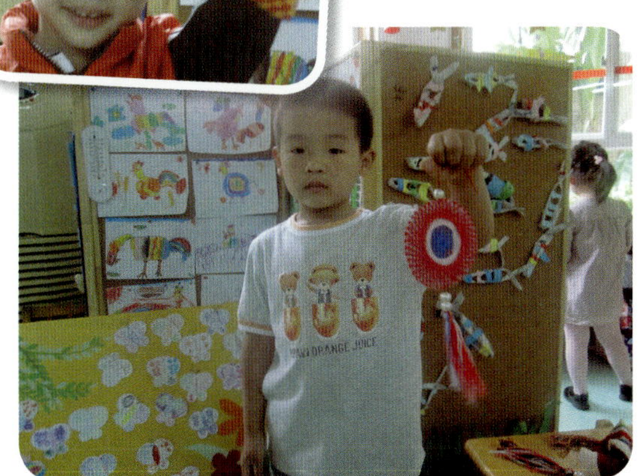

活动二：香袋的传说

活动目标

1. 愿意倾听有关香袋的传说，初步了解香袋的来历，产生制作的兴趣。

2. 欣赏视频，感受香袋的多样性，了解香袋的文化。

活动准备

香袋相关视频及播放设备、香袋的传说。

活动过程

1. 引出传说《香袋》，了解香袋的来历。

（1）幼儿交流查找的资料，丰富香袋的相关经验。

（2）扩展幼儿的相关经验。

①讨论：你还知道哪些有关香袋的事情？

②教师出示自己收集的图片和文字材料，帮助幼儿进一步了解香袋的来历和发展。

2. 欣赏视频，了解有关香袋的传统文化内涵。

3. 鼓励幼儿通过多种途径收集制作香袋的材料。

活动分析

香袋属我国传统民间艺术，随着科技的创新，香袋的种类也越来越多，艺术风格也更加丰富了。所以在幼儿真正制作香袋前有必要先了解有关民间香袋的来历及艺术。

通过观赏香袋、亲近香袋，幼儿了解了香袋的由来及作用方法，并进一步明确了缝制香袋要准备的材料。

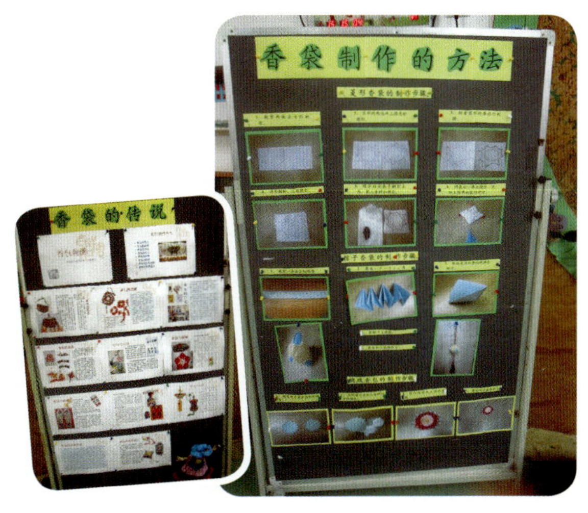

活动三：穿针引线大比拼

活动目标

1. 学习拿针、穿孔的方法。

2. 在实际操作活动中锻炼耐心。

活动准备

各种质地颜色不同的线，粗细不同的针。

活动过程

1. 幼儿自由尝试穿针引线。

2. 集体交流穿针引线成功的经验。

3. 穿针引线大比拼。

（1）小组比赛：穿针引线。

（2）每小组派一名代表参加比赛。

（3）教师给穿针引线速度较快者颁发五角星。

活动分析

穿针是一个需要耐心才能完成的任务，同时也是缝制香袋的第一步，练习能稳当地拿针、穿孔为接下来的制作活动做好准备。

在活动中，幼儿应用了自己的生活经验，比如用剪刀修剪一下线头、捻一下等，很快掌握了穿针的方法。个别幼儿在不断地对折穿线中居然还发现了对折1次是2股，对折2次是4股，对折3次是8股的规律。

活动四：平针刺绣

活动目标

1. 尝试学习用平针刺绣的方法绣出不同的图案。

2. 积极参与刺绣活动，体验刺绣活动的乐趣。

活动准备

1. 已有穿针引线、打结的经验。

2. 制作材料：裁剪成正方形并画好各种图案的不织布、针线。

活动过程

1. 出示有刺绣图案的香袋，产生刺绣兴趣。

2. 尝试、学习用平针绣的方法绣出不同的图案。

（1）观察平针绣针法的特点。

（2）猜测并学习平针绣的针法。

①出示平针绣过程图、教师示范、讲解。

②空手练习平针绣。

（3）在教师的指导下尝试自己刺绣。

①讨论工具的使用方法及注意事项。

②尝试用平针绣的方法刺绣。教师观察、指导幼儿如何使用针，帮助有困难的幼儿。

3. 相互欣赏作品、体验成功的乐趣。

活动分析

在初次学习平针刺绣的过程中，出现了一个比较典型的个案，有位幼儿发脾气是因为自己付出了努力，结果却还是失败了。这样的心理落差他接受不了，但从中也反映出了他做事的耐心程度还有待提高。经过老师耐心地安慰和鼓励，终于让他平静下来、重拾信心，又缝了一个布袋，终于破涕而笑了。

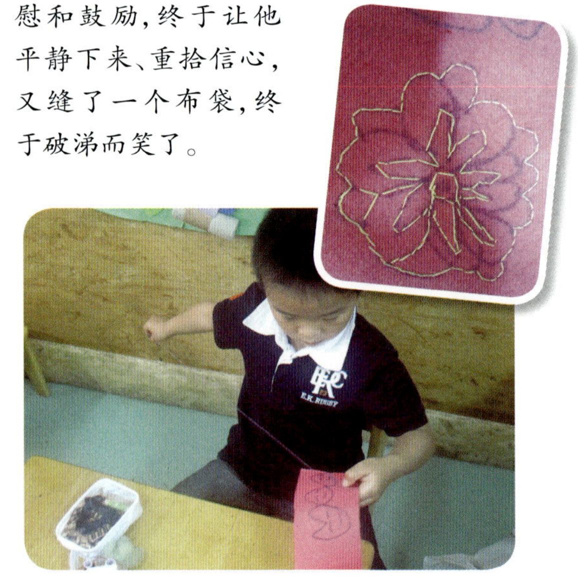

活动五：错针刺绣

活动目标

1. 尝试用错针刺绣的方法绣出不同的

图案。

2. 大胆探索错针绣的方法，感受错针绣所形成的独特条状图案的美。

3. 积极参加刺绣活动，能耐心地完成作品。

活动准备

1. 裁剪成正方形并画好各种图案的不织布、针线、剪刀等。

2. 错针绣的针法图。

活动过程

1. 欣赏错针绣作品，观察、比较平针绣和错针绣的不同之处，感受错针绣的特点。

2. 尝试、学习错针绣的方法。

（1）出示针法图，讨论错针绣的方法。

（2）在教师的指导下进行操作。提醒幼儿在绣的时候注意保持线的长短一样、距离一样，重点关注和帮助有困难的幼儿。

3. 欣赏、展示活动。

活动分析

刺绣的方法多种多样，教师在反复尝试后，选择了适合本班幼儿的刺绣针法，在学会平针刺绣的基础上，大胆地让幼儿尝试错针刺绣，使幼儿在绣绣玩玩的过程中不断丰富审美经验，提高动手能力。

通过练习平针、回针、错针刺绣这三个层层递进的环节，不仅锻炼了幼儿的动手能力，更重要的是这一过程是需要耐心去完成的，我们试图通过幼儿的实际操作来培养他们的耐心，印象会更深刻，活动会更有效。

活动六：自制香袋（方形、心形）

活动目标

1. 学习用平缝、绕缝的方法缝制香袋。

2. 积极探索缝合的方法，能耐心地完成作品。

活动准备

1. 制作香袋所需的材料：艾草粉、干花、针、线等。

2. 前两次活动刺绣好图案的不织布。

活动过程

1. 讨论自制香袋的步骤。

（1）刺绣好的正方形、爱心形的不织布，正面对正面，对好后进行缝合，注意留一开口。

（2）将缝好的立体翻出正面。

（3）由开口处放入干花、艾草等，将开口缝合，绑上绳结。

2. 幼儿尝试自制香袋。

3. 根据幼儿自己的意愿装饰香包。（挂上流苏、穿上珠子等。）

活动分析

一个漂亮的香袋终于成型了。虽然在其中，有过失败、有过挫折，但他们还是耐心地坚持下来了。当小朋友逐个拎着香袋到处“展示”的时候，他们的内心满是自豪和满足的。

活动七：家长助教《粽子香袋》

活动目标

1. 探索折纸粽的方法，尝试用长条纸通过反复折叠的方法制作粽子。

2. 在共同布置环境的过程中体验成功的快乐。

活动准备

各色长条纸若干、折纸粽步骤图。

活动过程

1. 欣赏大纸粽，激发折纸粽的兴趣。

2. 探索折纸粽的方法。

（1）猜测纸粽的制作方法。

（2）展开纸粽，观察折痕，讨论折纸粽的方法。

（3）借助步骤图，疏理折纸粽的经验。

3. 折叠纸粽。

引导幼儿在遇到困难时，通过看图示、观察其他小朋友的制作方法来解决问题。

4. 将幼儿制作的纸粽用针、线串在一起，布置环境，体验成功的快乐。

活动八：绕线香袋

活动目标

1. 利用绕线的方法制作香袋，增强手眼协调能力。

2. 感受自制香袋的快乐。

活动准备

各色圆形卡纸（边缘已剪好齿轮形状）、各色毛线、香粉若干份。装饰用的流苏、珠子等。

活动过程

1. 欣赏教师制作的绕线香袋，引起幼儿自己动手制作的欲望。

2. 讨论、探索制作香袋的方法及注意事项。

（1）探讨制作绕线香袋的方法步骤。

教师：做绕线香袋需要哪些材料？怎样使用这些材料来做绕线香袋？

①选择各种形状的卡纸，上下两面对齐，中间夹一小包香料粉。

②把毛线沿着卡纸上的齿轮逐个绕斜线，一直到每个齿轮都绕有毛线为止。

（2）讨论制作绕线香袋的注意事项。

3. 幼儿选择各种形状的卡纸，探索各种绕线的方法。

4. 将幼儿制作的绕线香袋用针、线串在一起。

活动分析

在这段时间里，整个班级安静了很多，几乎每个孩子都有自己的任务，都在努力完成着自己的任务。在平时和同伴的交谈中，也时不时会用“教训”的口吻说，“你怎么一点耐心也没有啊？这样能做好一件事吗？”

在最后的全国联动耐心主题中，我们班展示了香袋工作坊，一个个精致的小香袋，给观众带来惊喜的同时，更给制作者带来了自信。

四、主题活动反思

主题通过完成《制作香袋》的任务来呈现，在孩子们制作过程中培养耐心品质。不难看出，我们在主题活动进行中遵循了从易到难的原则，即穿针引线———平针、错针刺绣——缝制香袋，一个一个的挑战任务激发了孩子的积极性，同时也符合不同能力层次的孩子可以循序渐进，有耐心地去完成能力范围内的事。通过活动，幼儿收获丰富。

1. 幼儿的动手能力提高了。

幼儿从学习缝制的方法、进行刺绣、装饰活动中，不仅锻炼了手部小肌肉，还锻炼了手眼协调能力，激发了幼儿感受美和表现美的情趣。

2. 幼儿更有耐心了。

在主题开展过程中，幼儿的耐心得到了培养和锻炼。制作香袋时，吵闹追逐的人少了，埋头苦干的人多了。耐心的培养不是靠说教就能完成的，孩子们通过他们的行为表现出他们对“耐心”这样一种心灵习性的修炼。

网

周林娟　方小兰　曹高云

一、主题实施背景

耐心是一个人心理素质优劣、心理健康与否的衡量标准之一，也是孩子未来成功的关键因素之一。耐心并不是与生俱来的，而是需要后天的培养。在全园联动主题“耐心”中，我们以幼儿喜爱的《蜘蛛先生要搬家》绘本为切入点，在绘本阅读中认识蜘蛛，在资料收集中了解蜘蛛，在蛛网编织中提升耐心。让孩子在一次次失败与尝试中成长。

二、活动前准备及相关环境创设

1. 主题区：主题展板“各种各样的蜘蛛”、“蜘蛛的网”、“蜘蛛的秘密”。

2. 找一找蜘蛛的家，观察蜘蛛织网的过程。

3. 在图书角中放置《蜘蛛先生要搬家》绘本，幼儿可以在区角活动时随时取阅。

三、主题活动总目标

1. 欣赏绘本《蜘蛛先生要搬家》，了解蜘蛛先生的喜好和建家的基本条件。尝试说说故事中自己喜爱的片段。

2. 选取不同的材质，利用教室的各个角落，以独立编织、小组合作等形式尝试平面织网、立体织网等，体验成功和失败。

3. 培养孩子耐心的品质。

四、主题活动过程

活动一：蜘蛛先生要搬家

活动目标

1. 阅读图书，尝试着说出故事及故事中

的主角。

2. 尝试和同伴分享故事中自己最喜爱的部分。

活动准备

绘本《蜘蛛先生要搬家》。

活动过程

1. 出示绘本封面，说说关于蜘蛛你知道哪些？

2. 欣赏绘本，理解绘本内容。

（1）说说故事的主角和故事中都有哪些事？

（2）分段欣赏：

①蜘蛛先生为什么要搬家？

②蜘蛛先生的家是什么模样的？

③蜘蛛先生为什么要爬来爬去，荡来荡去？

④蜘蛛先生的家是用什么盖成的？它的房子有什么好？和别人的有什么不一样？

⑤蜘蛛先生还会搬家吗？

3. 活动延伸：和同伴分享故事中自己最喜欢的部分。

活动分析

读故事，仿佛是孩子们在一问一答。在一问一答中巧妙地把蜘蛛的特性形象地表达给孩子。

活动二：蜘蛛先生的秘密

活动目标

1. 在集体面前大胆介绍自己收集的蜘蛛资料。

2. 体验与同伴互相交流的快乐。

活动准备

1. 与爸爸妈妈一起寻找生活中的蜘蛛，观察蜘蛛的特征，织网的过程。

2. 听爸爸妈妈说说小时候和蜘蛛的故事。

3. 在网上或书本中收集有关蜘蛛的图片与资料。

活动过程

幼儿介绍自己收集的经验和资料，教师有序地将经验和资料加以整理和分类，和幼儿一起制作《小蜘蛛，大奥秘》主题展板。展板设有三块内容：“各种各样的蜘蛛”、“蜘蛛的网”、“蜘蛛的秘密”。最后将制作完成的展板布置在主题区。

活动分析

孩子们和家长们兴高采烈地收集了许多关于蜘蛛的知识和图片，教师在和孩子交流的过程中有意识地将展板分类。接着，教师将展板上的内容娓娓动听地给孩子们梳理，鼓励孩子们在今后的活动中继续收集。

活动三：蜘蛛先生搬新家

活动目标

1. 观察绘本中网的形态，尝试为蜘蛛先生做新家。

2. 在织网过程中，尝试画长短不一的直线。

3. 体会蜘蛛先生织网的耐心。

活动准备

白纸、水彩笔。

活动过程

1. 教师完整讲述《蜘蛛先生要搬家》故事，并出示在第一个活动中收集的关于幼儿最喜欢故事中的几个部分记录图。

（1）蜘蛛先生的家是怎么样的？

（2）蜘蛛先生要搬家了，他的新家会在哪呢？

2. 幼儿与同伴交流自己给蜘蛛设计的新“家”。

3. 幼儿为蜘蛛设计新家，教师巡回指导。

4. 欣赏和分享同伴的作品。

活动分析

平面画网对于中班的孩子来说还是有一定难度的。在活动中,教师给予幼儿更多的想象空间进行自由创造,体会蜘蛛先生织网的辛苦和耐心。

活动四:蜘蛛先生的梦想

活动目标

1. 收集身边的材料,发挥想象,为蜘蛛先生的网添上别样创意。

2. 在动手制作中,发展小肌肉,体验耐心制作后取得成功的喜悦之情。

活动准备

各种绳、线、丝带、皱纸、小棒、树枝等;白纸人手一份、胶、剪刀。

活动过程

1. 欣赏幼儿作品"蜘蛛先生的新家"。

2. 出示幼儿收集的各种材料,和幼儿一起讨论:蜘蛛先生每天躺在它柔软舒适的家中,有一天一个奇怪的念头从他脑海闪过,我能不能有一个不一样的家?

3. 幼儿交流自己的创意。

4. 幼儿大胆想象并制作。

5. 欣赏同伴作品。

活动分析

平面织网活动激发了幼儿的创作热情。在活动过程中教师发现孩子不耐烦的时候,用耐心的蜘蛛来鼓励他们。整个活动过程中,教师始终扮演了好创意的支持者、问题的发现者、幼儿创作的鼓励者。

活动五:蜘蛛先生的立体网

活动目标

1. 尝试找到合理的支点,织出漂亮又坚固的网,体验立面织网的乐趣。

2. 培养幼儿的观察力,尝试自己解决困难。

活动准备

各种绳、线、皱纸等;泡沫垫、美国图钉等。

活动过程

1. 精读故事,说说蜘蛛成功织网的要素。

故事片段:一二三四五六七八地爬到屋顶上。蜘蛛先生像荡秋千一样,从屋顶荡到电线杆,又从电线杆荡到树枝上,一站一站地荡过去。

(1)蜘蛛先生准备织网,它为什么这么辛苦地爬上屋顶去呢?

(2)找到这些支点后,蜘蛛先生开始织网。它是怎么织网的?

2. 尝试在泡沫板上织网。

(1)设置网的支点。

(2)模仿蜘蛛先生一站一站地织网。

3. 展示自己编织的网。

活动分析

这个活动是幼儿第一次尝试立面织网，它不仅大大提高了幼儿织网的积极性和耐心，还积累了多项织网的有效经验，为下一次在自然环境下织网奠定了基础。

活动六：蜘蛛先生来织网

活动目标

1. 在教室里寻找合适的位置，尝试织出牢固又漂亮的网。

2. 大胆尝试，勇于创新。

活动准备

编织的绳、线等。

活动过程

1. 欣赏幼儿在泡沫板上编织的网，说说你喜欢哪个？为什么？

2. 幼儿讨论：今天蜘蛛先生想在我们教室里织网，你觉得哪个地方织网最合适？

（1）安全的地方，不容易被捣毁。

（2）能织得又大又牢固。

3. 幼儿尝试编织各种各样图形的网。

4. 蛛网捕食。

活动分析

这是幼儿第二次立面织网。由于有了上次的经验和教师在活动一开始的有效经验梳理，幼儿对如何合理安排织网地点以及我想要织怎样的网都有了更多的思考，而且织网的技能也有了很大的提升。

活动七：我的教室我做主

活动目标

1. 小组合作完成蜘蛛先生的“大家”。

2. 体验合作完成任务的成就感。

活动准备

各种绳线、彩带、剪刀。

活动过程

1. 讨论：我们的大网编在哪里最合适？说说理由。

2. 讨论：分工与合作。

3. 小组完成。

4. 教师巡回指导并给予支持和帮助。

5. 欣赏同伴编织完成的作品，并介绍小组编织方法与别人编织的方法的不同点。

活动分析

终于到了织大网了，幼儿积极性很高。由于是中班幼儿，所以我们把此次合作活动中决定网的形态、分工、合作三部曲中的第一部先进行了集体讨论和人员自主选择，接着小组成员进行了分工和合作。在教师的引导下，蛛网一个个初见规模，幼儿还制作了许多可爱的蜘蛛先生，请它们住进自己制作的新家。在此过程中，幼儿表现出了极大的耐心。

活动八：歌曲《小蜘蛛》

活动目标

1. 感受歌曲中浓郁的民歌风格特点，喜欢歌曲。

2. 尝试用一领众合的演唱形式，用欢快活泼的歌声表达对小蜘蛛的赞美。

活动准备

歌曲图谱1张。

活动过程

1. 谈话：说说你最喜欢蜘蛛的什么品质。

2. 欣赏歌曲《小蜘蛛》。

（1）你听到了什么？教师呈现图谱，帮助幼儿理解歌词。

（2）听听和其他歌曲有什么不同，感受民歌风格。

（3）幼儿学唱。

（4）用一领众合的形式演唱，激发幼儿的学习兴趣。

活动分析

由于前期的主题铺垫，理解这首歌的内容对于幼儿来说并不困难，幼儿很快就在图谱的提示下掌握了歌曲。歌曲演唱过程中，一领众合的演唱形式，深受幼儿的喜爱，幼儿参与的积极性非常高。

五、主题活动反思

1. 绘本《蜘蛛先生要搬家》的切入为整个织网活动赋予了主题情境和趣味性。

整个活动，幼儿始终带着为蜘蛛先生造家的游戏任务，沉浸在帮助蜘蛛先生的游戏情境中，使活动本身增加了趣味性，幼儿也体现出极高的参与性。

2. 从幼儿中来的理念，让活动来源于幼儿，发展于幼儿。

第一次绘本阅读后，幼儿收集了很多关于蜘蛛的资料，我们引发幼儿生成问题、关注幼儿的提问，把握幼儿关注的热点，根据幼儿的兴趣、需要和经验与幼儿共同制作展板，支持幼儿探索的兴趣。资料收集工作是活动的辅线，但却为幼儿的织网活动提供了有效的知识保障，而且织网活动要求的确定也是依据幼儿的知识经验的发展而设定的。

3. 梯度式活动设计更贴近幼儿的发展水平。

主题活动中织网部分，从平面走向立体，从单一走向创意，从自制走向合作，由易而难、由简到繁、层层递进、步步深入，为幼儿的经验积累和学习发展创设了有效的支架。

4. 耐心品质在游戏中得到提升。

如同蜘蛛先生织网一样，织网需要极大的耐心。于是，教师在主题活动中为幼儿设计了梯度式教学，活动由易而难、由简到繁，孩子们在一次次成功和失败中逐渐成长起来，耐心的学习品质在不知不觉中得到提升。

母鸡孵蛋

金琛洁

一、主题实施背景

良好、健全的品格应该具备很多的方面，耐心作为意志品质的一个方面，对幼儿今后的学习和一生的发展都会产生重要的影响。

耐心就是心里不急躁，不厌烦；能坚持完成一件可能十分繁琐无聊的事。是对待事物、对待自己、对待他人时能保持一种平和的心境，保持良好自我状态的一些策略，是能操作、运用的某些方法。培养耐心不仅对学习有帮助，对今后的人生道路也有很大的影响。

幼儿对于品格的理解应该是与生活联系的，是具体化的。我们将幼儿的耐心分为几个方面，包括对人的耐心、对事的耐心和对物的耐心，事先进行了调查，结果显示，幼儿普遍比较缺乏的是在学习新本领、完成某项任务、对待玩具书本和等待、轮流玩方面的耐心，所以我们准备在主题中主要围绕这些方面进行耐心的培养。

主题以故事《不会孵蛋的鸭妈妈》引出，在了解、模仿母鸡孵蛋的过程中感受、理解耐心；围绕鸡蛋进行了一系列活动，以艺术活动“蛋壳粘画”作为练习耐心的主要途径，在活动中体验耐心、练习耐心；总结与回顾主题情况，结合家庭作业单，进行“耐心小宝贝”颁奖，分享喜悦。

联系实际，在日常生活的点滴中渗透耐心的理解和实践，如排队时的耐心、学习新本领的耐心、坚持完成工作的耐心、种植植物的耐心等等。配合使用引导想象、服务提名、冲突练习等策略，深化幼儿对品格的体验与理解，内化品格。

二、主题环境创设

1. 大家一起装饰的耐心标志“小鸡出壳图”：通过一起粘贴蛋壳体验耐心。
2. 耐心口号设计、制作和展示。
3. 夹心蛋糕——对耐心品格的理解和分享。
4. 故事图片——耐心小故事打印成连环画图片张贴在教室里。
5. 区角：穿项链、剥瓜子等活动材料提供。
6. 在走廊种植草娃娃，并布置一栏“种植日记”区供幼儿展示自己的记录册。

三、主题活动总目标

1. 认识耐心品格所代表的含义，知道学习耐心将有助于自己的学习和生活。
2. 学习用蛋壳进行装饰画的制作，体验耐心完成任务的愉悦感和自信感。
3. 讨论增进耐心的策略和方法，愿意通过艺术活动和日常练习增进自己的耐心。
4. 学习仔细倾听他人讲话，学习和同伴轮流玩，体验耐心带来的快乐。

四、活动过程

活动一：故事《鸭妈妈孵蛋》

活动目标

1. 仔细倾听故事，理解故事内容，初步明白耐心的含义。

2. 学习成语：一心一意、三心二意。

3. 体会鸡妈妈的耐心和坚持，激发敬佩之情。

活动准备

故事图片PPT，鸡蛋（黄色）、鸭蛋（白色）各一个，小鸡小鸭各一只。

活动过程

1. 引出（出示鸡蛋和鸭蛋图案）。

提问：（1）这是谁？它们是谁的宝宝？

（2）鸡妈妈和鸭妈妈都想孵蛋，谁会成功呢？

2. 欣赏故事。

提问：（1）谁把蛋孵出来了？为什么？

（2）鸭妈妈是怎么做的？

（3）鸡妈妈是怎么做的？

3. 看图片再次欣赏故事。

提问：（1）你们觉得谁有耐心？

（2）你觉得耐心是一种好的品质吗？如果没有耐心会怎么样？

4. 欣赏视频。

欣赏母鸡孵蛋的视频，说说母鸡是怎么做的。

活动分析

通过讲述故事《鸭妈妈孵蛋》，让幼儿了解孵蛋是一件需要耐心的事情，并通过比较产生向有耐心的鸡妈妈学习的愿望。这个活动作为主题的开启，带领孩子进入"耐心"的学习之路。

幼儿在欣赏故事的过程中对于"耐心"有了初步的理解：耐心就是要坚持做一件事情。他们对孵蛋产生了强烈的兴趣。

活动二：母鸡孵蛋要几天

活动目标

1. 学习手口一致、有序地点数，尝试数到21并画完21个鸡蛋。

2. 通过画和数感受21天是很长的时间，理解母鸡孵蛋的耐心，激发敬佩之情。

活动准备

日历表格人手一份，水彩笔，小鸡出壳小图若干张。

活动过程

1. 引出。

（1）复习故事《鸭妈妈孵蛋》。

提问：鸡妈妈孵蛋需要几天？

（2）出示母鸡，引出：有一只母鸡刚刚开始孵蛋，它不知道21天到底是多久，我们来帮帮它吧！

2. 出示日历单。

（1）数数1~21。

（2）观察日历单、学画鸡蛋。

①一起来数数一周有几天？

②从母鸡孵蛋的标志开始数，每一天都画上一个鸡蛋，数到21天的地方贴上小鸡出壳的图案，母鸡就知道这一天小鸡会孵出来了。

3. 完成作业单。

幼儿独立作业，教师指导。

4. 互相检查作业。

交换作业数一数，小朋友的作业画得对不对。

活动分析

由于小班幼儿对日历的认识很少，所以以"三星期"的概念帮助孩子理解21天，活动结束后，将一张作业贴在教室里，每天划去一个

蛋表示一天过去，以便幼儿了解21天有多长，更加理解母鸡孵蛋的耐心。

作业单上的母鸡孵蛋标志贴在不同的日期，起点不同，幼儿之间就不能轻易模仿，更能考验独立完成作业的能力。

每天留出一小段“孵蛋时间”，在打坐的过程中进行冥想、听音乐或小声哼歌等，帮助孩子了解等待的过程中可以运用怎样的方法使自己更能坚持并更快乐。

活动三：帮鸭妈妈孵蛋

活动目标

1. 学习鸡妈妈孵蛋的样子，尝试静坐较长时间，体验孵蛋需要足够耐心。

2. 能想出一些办法帮助自己坚持下去，体验成功的喜悦，激发对耐心活动的信心。

活动准备

大泡沫球、泡沫坐垫、轻柔音乐、鸭妈妈手偶。

活动过程

1. 回忆故事。

再次倾听故事，引出孵蛋活动。

2. 孵蛋。

（1）每人抱一只蛋（泡沫球）坐在泡沫垫上。在轻柔的音乐声中孵蛋。过一段时间，询问并鼓励他们说出自己的感觉。

（2）总结。

3. 鸭妈妈的感谢。

使用“鸭妈妈”手偶，“鸭妈妈”亲亲每个孩子以示鼓励。

活动分析

体验活动可以帮助孩子切身地感受到耐心的含义。通过体验他们会发现耐心是需要毅力去坚持的，在这个过程中他们需要同自己的内心对话，产生独立思考。

孩子们坚持学着鸡妈妈的样子“孵蛋”，并且还用故事里的情节来鼓励自己。过程持续了半个小时，一些平时比较吵闹的孩子都表现出了十足的耐心和毅力。

活动四：耐心标志

活动目标

1. 学习用鸡蛋壳粘画。在粘贴的过程中

学习耐心地做一件事。

2. 共同完成一件作品，培养团队合作的精神。

活动准备

幼儿每人带来一个鸡蛋壳，大的鸡蛋形卡纸一张，双面胶。

活动过程

1. 谈话引入。

（1）回顾孵蛋过程。

（2）总结鸡妈妈优秀的品质。

2. 欣赏蛋壳粘画。

（1）教师介绍蛋壳粘画。

（2）欣赏一些漂亮的蛋壳粘画。

3. 介绍方法。

（1）教师出示“鸡蛋”。

（2）教师介绍蛋壳粘画的方法。

（3）幼儿分两组轮流自主操作，教师指导。

活动分析

粘蛋壳是一件很细致、很需要耐心的工作，因为蛋壳捏碎后很小又薄，不容易拿，每一片都要粘在正面更是考验孩子的耐心。

这个合作活动，分成两组轮流来粘，整整粘了三天才粘完。看见作品被展示出来，大家都很自豪。

活动五：耐心口号

活动目标

1. 理解耐心的含义。能够说出怎么做是有耐心的表现，愿意做一个有耐心的孩子。

2. 参与讨论耐心口号及手势。

活动准备

环境布置主题墙，大的记录纸。

活动过程

1. 谈话讨论。

（1）引发幼儿讲讲串手链的感想。

（2）分析幼儿会产生不同感觉的原因。

2. 记录幼儿说的话。

（1）提问：还有什么事情也是很需要耐心的？（排队喝水、拼图等等。）

（2）你觉得耐心是什么？（将幼儿回答的内容记录在纸张上。）

（3）将耐心两个字写在纸上，告诉幼儿这就是耐心，请幼儿伸出小手一起来写一写。一起再读一遍大家写的话。

3. 总结耐心的口号。

（1）引导幼儿共同整理出耐心的口号。

（2）大家一起来念一念耐心口号。

4. 创编耐心的手势。

活动分析

幼儿具有仪式感，一句简短的口号、一个明了的动作或手势的作用远胜于教师的喋喋

不休。

在对于耐心的理解上，幼儿的表现差距很大，有些幼儿能够马上想出，但是有些幼儿参与性不是很强，可以通过图片或其他方式观察一些好的或者不好的行为进行分析，帮助幼儿更好地理解“耐心”。

活动六：《母鸡孵蛋》

活动目标

1. 欣赏歌曲，感受歌曲的旋律美。掌握歌曲节奏，学习看图谱演唱。

2. 了解数量的递进关系，能准确地唱出小鸡的数量。

3. 体验边唱边游戏的乐趣，初步尝试用身体表现孵蛋的动作。

活动准备

歌曲图谱、音乐。

活动过程

1. 引出：学鸡叫。

2. 欣赏歌曲。

（1）完整欣赏歌曲一遍。

提问：母鸡是怎么叫的？

（2）欣赏歌曲第二遍。提问：母鸡孵了几次蛋？第一次孵出几只？第二次……（依次将蛋贴在图谱上。）

（3）看图谱欣赏歌曲。

3. 学唱歌曲。

（1）看图谱学唱歌曲。

（2）理解休止符。

4. 跟随音乐演唱数遍。

5. 边唱边自由表演。

活动七：《小鸡出壳》

活动目标

1. 尝试用蛋壳粘贴作品，能独立、仔细完成，不怕困难，坚持到底，体验成功的愉悦。

2. 感受用蛋壳制粘贴画的特殊花纹，体验蛋壳装饰画的美。

3. 训练手眼协调，培养动手能力。

4. 懂得废物利用，做生活的有心人。

活动准备

画好图案的黑色卡纸每人一张、双面胶、蛋壳若干。

活动过程

1. 欣赏蛋壳粘贴画作品。

2. 学习粘贴画。

（1）出示教师完成作品。

（2）学习制作。

①撕下图案上的双面胶。

②将蛋壳捏碎，撕去白色的膜，一片一片粘贴到双面胶上。直至全部贴完。要贴得满满的，蛋壳正面朝上。

③用黄色的碎纸粘贴小鸡的身体，用油画棒画出嘴和眼睛。

3. 幼儿制作。

4. 展示作品并欣赏。

活动分析

这是“耐心标志”之后第一次进行蛋壳粘贴画活动，相对于集体制作大蛋壳，这个活动更需要耐心和细心，因为图案小，而且要求粘出轮廓，做起来还是有难度的。

活动八：运鸡蛋

活动目标

1. 尝试用多种方法运送鸡蛋，耐心排队并安全运送到目的地。

2. 感受游戏的乐趣，体验轮流活动需要耐心，愿意锻炼自己的耐心。

活动准备

大泡沫球若干、泡沫垫若干、大筐子两个。

活动过程

1. 引出活动。

提问：怎么样送蛋比较安全呢？

2. 运蛋游戏。

（1）背蛋。

学习动作：用翅膀把鸡蛋背在后面，搂得不能太轻也不能太重。

（2）用衣服运蛋。

学习动作：用衣服搂住鸡蛋，要小心不让鸡蛋滚出去。

（3）腿夹蛋。

学习动作：双腿夹住蛋，小步移动，双手保持平衡。

3. 和鸡蛋做游戏。

可以根据练习的内容创设不同的情景，比如抱蛋跑、钻、爬等等。

活动分析

静的活动需要耐心，动的活动也需要耐心，比如练习拍球、比如坚持跑步，这个活动以帮助母鸡搬运鸡蛋为线索，锻炼孩子在体育活动中的耐心。

孩子们在活动中主动探索可以用哪些部位来运蛋，最后发现用脚夹蛋走是最难的，他们踊跃地尝试了两三次，并不断地总结经验，在活动中练习了耐心，体验到了快乐。

活动九：保护蛋宝宝

活动目标

1. 讨论保护蛋宝宝的方法，在保护过程中练习耐心。

2. 了解母鸡照顾宝宝的不易，感受长辈对孩子的爱。

活动准备

每人带一只鸡蛋。

活动过程

1. 出示母鸡。

2. 集体讨论：如何保护蛋宝宝。

3. 做窝。

（1）剪纸条。

（2）分头剪纸条。

4. 带蛋宝宝一起晒太阳。

带着自己的蛋宝宝晒晒太阳。

活动分析

活动证明，小班孩子要保护一个蛋宝宝一天难度是很大的，有的孩子刚到幼儿园就把蛋打破了。可以借此引导孩子为鸡蛋做一个窝，讨论鸡蛋的特点，怎样保管会更安全。

活动十：彩色鸟

活动目标

1. 尝试用蛋壳粘贴作品，能独立、仔细完成，不怕困难，坚持到底，体验成功的愉悦。

2. 训练手眼协调，培养动手能力。

活动准备

鸟图案画纸每人一张、双面胶、蛋壳、彩色纸若干。

活动过程

1. 出示教师完成作品。

2. 学习制作。

3. 幼儿制作。

4. 展示作品并欣赏。

活动十一：耐心分享会——夹心蛋糕

活动目标

1. 愿意大胆说出自己什么时候需要耐心，怎么样实践耐心。通过讨论、分享感受耐心与生活的关系。

2. 装饰自己的水果，合作完成“耐心夹心蛋糕”的制作。

活动准备

1. 蛋糕形状的底板。

2. 剪成水果形状的彩纸。

3. 水彩笔、油画棒。

活动过程

1. 引出。

（1）出示画有蛋糕的大纸，提问：这是什么？蛋糕上还缺少什么？

（2）出示“水果”。

2. 添加“耐心”。

（1）讨论“耐心”。

（2）选择水果。

选择自己喜欢的味道并排队请老师帮忙把想出来的耐心事件写到水果中，然后进行装饰。

3. 完成蛋糕。

（1）张贴水果。

请幼儿将装饰完毕的水果分类粘贴在蛋糕上。

（2）品尝蛋糕。

（3）小结。

活动分析

在品格认知和品格实践同步进行了一段时间的基础上，我们进行了耐心分享会活动，旨在帮助幼儿整理对于耐心的认识，以及将耐心品格与自身行为更好地

结合起来，使品格内化为自身的一种品质，融入生活的点点滴滴中。

从幼儿的表达中可以看出，他们已经理解了耐心的真正含义，因为他们能将自己的行为与耐心结合起来，针对自己的欠缺说出对耐心的理解。比如航航，平时走路比较快，在教室里常会碰到别人，他说："耐心就是慢慢走路！"……

活动十二：小鸡的家

活动目标

1. 尝试用蛋壳和亮片粘贴作品，能独立完成，体验成功的愉悦。

2. 摸索适当的规律使画面更好看，感受用几种材料装饰画面的美。

活动准备

房子图案画纸、双面胶、蛋壳、亮片若干、油画棒。

活动过程

1. 引出。

音乐游戏《小朋友散步》。

2. 讲解。

（1）出示材料：今天多了什么材料？可以怎么用？

（2）材料的使用：亮片和蛋壳怎么搭配使用会更好看？两种亮片能贴出什么规律？

粘贴示范。如：一片红一片金、一排红一排金……

（3）观察画面：小鸡的家有些什么？哪些可以用粘贴？哪些可以用画的？

（4）观察背景：背景有些什么？用哪些颜色的油画棒来画比较好呢？

3. 幼儿操作。

教师帮忙贴双面胶、巡回指导。

4. 交流欣赏。

你用了什么规律？

活动分析

用情境串联主题，将音乐和美术活动结合在一起，激发幼儿完成作品的兴趣和愿望。教师不放弃任何一个孩子，在空闲的时间陪伴几个动作比较慢的孩子一起完成作品，给他们安排好继续工作的时间，使他们也能有始有终地完成自己的作品，体验完成活动的愉悦和自豪。

活动十三：情景表演——我是耐心宝贝

活动目标

1. 根据教师提供的场景展开讨论，能结合实际想出让自己变得更有耐心的方法。

2. 尝试进行角色扮演表现出耐心行为，体验耐心、学习耐心。

活动准备

手偶、头饰。

活动过程

1. 引出活动。

出示木偶小兔。

2. 帮助奇奇变耐心．

（1）第一个考验：

幼儿为奇奇想办法，学说自我鼓励的话。

（2）第二个考验：

幼儿讲述自己的想法。

（3）第三个考验：

幼儿一起讨论自我鼓励的话和别的办法。

（4）第四个考验：

①出示木偶小猪。

②踢球是小兔子最喜欢的运动了，小兔一听就心动了？你们觉得他应该去吗？如果是你，你会怎么做呢？

（5）奇奇成功了：教师小结。

3. 表演。

戴上头饰扮演故事中的角色进行表演，强化幼儿讨论出来的各种增强耐心的方法。

活动分析

活动中的场景是从孩子们的实际生活中提炼出来的。利用手偶描述出这些情境，使孩子们把自己当成是好的榜样，激发了帮助奇奇的热情，针对不同的场景，他们说出了自己平时会用的办法，还想出了一些新方法。

孩子们通过集体讨论和分角色表演，都学会了一些自己喜欢的方法。

活动十四：生活活动：煮茶叶蛋

活动目标

1. 了解茶叶蛋的做法，练习剥完整的鸡蛋，体验烹饪的乐趣。

2. 愿意耐心等待蛋煮熟、入味，体验共同用餐的快乐。

活动准备

红茶包三包、鸡蛋若干、酱油、糖、茴香、电磁炉。

活动过程

1. 准备工作。

（1）介绍材料。

（2）洗鸡蛋。

2. 煮蛋。

（1）观察阿姨煮蛋的操作过程：先放什么？还放了什么？水有什么变化？蛋有什么变化？

（2）等待蛋煮好。

3. 剥茶叶蛋。

（1）小心地剥，不能把蛋剥碎，要剥一个完整的蛋。

（2）大家都剥完了才能吃。

4. 吃茶叶蛋。

茶叶蛋的味道怎么样？煮茶叶蛋的时候我们体验了什么品质？

活动分析

洗蛋过程是很考验小朋友的耐心的，要仔细地将脏东西去掉又要保护蛋的完好，对小朋友来说是个挑战。观察、等待蛋的煮熟让孩子们感受到，好吃的食物是要慢慢煮出来的。剥蛋对一些孩子来说也是考验，他们都剥得很仔细，并且坚持等大家都剥完才开始吃。

活动十五：粘贴画大集合

活动目标

1. 尝试配合使用多种材料粘贴作品，学习不同材料粘贴的方法，感受作品材质丰富的美。

2. 能独立、细致地完成作品，不怕困难，坚持到底，体验成功的愉悦。

活动准备

多种图案粘画画纸、双面胶、蛋壳、亮片、碎色纸、小珠子若干、油画棒、水彩笔。

活动过程

1. 引出活动。

（1）出示材料：有些什么呢？小珠子用什么办法粘比较好？

（2）出示画纸：讨论每一张图片，让孩子简单说说自己的制作想法。

2．幼儿操作。

教师巡回指导，提示幼儿用不同的材料粘贴不同的部位，并将画面贴得满满的。

3．交流欣赏。

活动分析

这个活动提供不同的图案、材料，给孩子们提供了更大的创作空间。孩子们基本都能自主、独立地完成自己的作品，在作品中显示出不同的喜好和想法。由于提供的材料都很细小，而且整个图片画面更大，对孩子们又是新的考验，有很多孩子需要两三天才做完。

活动十六：小小蛋儿把门开

活动目标

1．喜欢学唱歌曲，感受歌曲的有趣。

2．愿意大声演唱，乐于根据自己的理解表演歌曲。

活动准备

歌曲视频、表演道具大鸡蛋（分成两半）、头饰。

活动过程

1．复习歌曲《母鸡孵蛋》。

2．猜猜谁的蛋宝宝。

（1）出示一个大鸡蛋。

（2）教师示范表演：两个老师配合，一个拿蛋，一个蹲在后面扮演“小鸡”。唱到第一句，把鸡蛋缓缓打开成两半，“小鸡”从里面出来表演。

3．学唱歌曲。

（1）教师完整示范歌曲。

（2）说说内容，粘贴图谱。

（3）看图谱学唱歌曲3~5遍。

4．歌曲表演。

（1）讨论每一句歌词可以如何表演。

（2）大家一起边唱歌曲边做出动作。

（3）请幼儿上台运用道具“鸡蛋”表演。

活动十七：蛋宝宝化装舞会

活动目标

1．欣赏手绘蛋壳画图片，感受画家的创意和耐心。

2．尝试用学过的方法在泡沫球上绘制图案，耐心完成作品。

活动准备

鸡蛋若干、电子图片若干、电视机、U盘、水彩笔。

活动过程

1．引出活动。

（1）出示蛋壳画“西瓜”图片。提问：这是什么？猜猜是用什么做的？

（2）出示教师画好的蛋壳西瓜。

2．蛋壳画图片欣赏。

这是什么？你看了觉得怎么样？

3．作画。

4．欣赏图片。

5．耐心小宝贝奖状颁发。

活动分析

经过四周的品格学习，孩子们在耐心认知方面有了提高，情感体验更加丰富，行为有了积极的改变。作为主题的终结，我们设置了颁发耐心小宝贝奖状的活动，给孩子一种圆满的成就感。

五、主题活动反思

1．联系幼儿的经验和兴趣选择主题线索，有效生成主题。

在主题开展之前，我们的设想是以开饰品店作为主题线索。主题开始后，我们发现这条线索并不适合作为集体活动来开展，更适合作为区域活动来进行分散练习。

教师又准备了一些关于耐心的故事，发现孩子们对《鸭妈妈孵蛋》这个故事非常感兴趣，何不以这个点为切入口呢。实践证明，在这条线索的引领下，孩子们对主题兴趣很高，而这一系列活动也贴近生活，具有很强的操作性，在活动进程中自然地融入了耐心品格的学习，不仅提升了对耐心的认识和理解，也体验了许多的耐心实践活动。

2．多维度的品格学习，全方位促进品格发展。

品格学习以主题活动为主要线索，但绝不能忽视日常生活和其他渗透活动的作用，我们还同时开展许多辅助活动，比如让每个孩子在家庭中饲养一些蚕宝宝，在走廊上养殖一盆植物等。请幼儿进行观察和记录，照顾蚕宝宝和植物需要耐心，观察、学习记录同样需要耐心。在家庭中饲养蚕宝宝还使整个家庭都有了学习耐心的氛围，使家长了解幼儿园的活动，帮助家长投入到品格教育中。

3．强调品格的现实意义，注重品格教育在生活中的渗透。

品格培养的目的是为了能更幸福地生活，因此要强调品格学习对于现实生活的意义，使品格学习为现实生活服务。在日常生活中，教师要善于观察，及时抓住教育契机，引导幼儿共同讨论，并在实践中运用。

把品格渗透到生活中，把认知层面的知识转化为现实中可操作、可练习的行为，这对教师提出了更高的要求。教师既要时时刻刻以身作则、言传身教，更要善于观察、善于把握品格教育展现的时机。

4．成效。

（1）孩子的成长：

①独立完成任务的意识和能力有所增强。

不论是在主题艺术活动“蛋壳粘画”中，还是在平时的区域活动中，幼儿独立完成任务的意识和能力都有所增强，他们会更多地进行尝试，勇于接受失败，在失败中再接再厉。他们会主动告诉自己，“耐心就是不怕困难、坚持到底！”同时，对于活动的坚持性也有所提高。

②幼儿能主动将耐心运用在生活中。

主题开展之后，我们发现“耐心”已经深深浸入到孩子的心中，他们常常会主动地运用耐心、并用这两个字来提醒自己这样去做。

（2）教师的成长：

①对品格的理解更深入。

通过课题组集体对“耐心”品格的解读，我们对“耐心”有了更深入、全面的理解，耐心渗透于生活中的点点滴滴，它影响一个人的心态，决定一个人对人、对事的态度、甚至关系到做事是否能成功。

②自身涵养的提高。随着主题的深入展开，耐心也逐渐内化到了教师的心灵之中，每当教师有意识地引导孩子关注耐心品格之时，也是教师的自我反省、自我提升之时：我今天的行为是否有耐心？有没有给幼儿正面的影响？于是，我们脸上的表情在深呼吸之后又柔软了，我的神经又放松了，耐心就是在这一刻能帮助我们，让我们变得更平和、更友善。

③加强关注每个幼儿的表现,更有针对性地进行品格培养。

在品格方面,每个孩子的体验程度、行为方式、内化水平都是不同的。以往的活动中,我们更关注幼儿对活动的兴趣、主题的完整性和整体进展,而不同程度地忽视了幼儿的个别差异。

在这次活动中:一方面我们分发家长问卷调查幼儿在家庭中不同方面表现的耐心情况,另一方面在活动中观察幼儿在不同领域、不同情景中的表现,发现幼儿在不同活动中的耐心展现。在了解的基础上有针对性地对幼儿的行为加以引导,在保护幼儿自尊的基础上增进幼儿品格认知、激发其亲社会行为。

情 绪 篇
QING XU PIAN
E Q

微笑

徐青芳　吴白羽

一、主题实施背景

良好的亲社会行为对幼儿身心健康和其他各方面的发展都具有重要影响。我们决定以情感觉察、体验为基础,从关心、帮助他人入手,培养小班幼儿的亲社会行为。我们认为幼儿只有关注、觉察到他人的需要、情感,他的心灵被触动了,他才会产生同情、关爱、帮助他人的行为。

班里有一个孩子得了手足口病,由于这个病的潜伏期很长,所以等发现的时候,已经有部分孩子相互传染了。班里其他的孩子,有的怕传染干脆回家避风头去了,有的染了一点小感冒之类的,怕抵抗力弱容易染上这个病也回家休养去了。那段时间,班里的孩子很少。我们两位班主任和情感课题的专家、老师经过讨论和交流,一致觉得这是一个很好的教育契机,抓住这个机会激发幼儿主动关心、帮助他人的积极情感,引导幼儿去关心、帮助他人。于是我们就开展了这个情感主题活动《微笑》。

二、主题活动总目标

1. 结合实际生活事件,对身边的病人表示同情和关心,并有关心、体贴的表现。

2. 学习各种关爱他人的方式,知道不管能力大小都可以帮助别人,它可以是一句关心的话、一个体贴的行动等。

三、主题活动过程

活动一：今天谁没来

活动目标

1. 关注身边的小朋友和同伴。

2. 能大胆用语言表达对生病小朋友的关心之情。

活动准备

班级点名册一本,录音机、话筒各一个。

活动过程

1. 导入活动:发现没来的小朋友,体验他们的心情。

(1)今天我们班里有多少小朋友没有来?

(2)他们是谁呢?

(3)为什么他们没来幼儿园,发生了什么事?

(4)他的心情会怎么样?

2. 语音录音,表达对生病没来园幼儿的关心。

(1)告知小朋友他生病了,需要在家休息。

(2)如果你要对他说一句关心的话,你会说什么?

（3）用录音机把幼儿说出的关心的话录下来。

3. 结束活动。

活动分析

在这个活动中，幼儿能及时关注到没来的孩子，说明他们对身边的同伴较为了解和熟悉。经过大胆地想象猜测后，老师将他们为何没来的答案告知大家，然后请每个人都说一句关心他的话，用录音机录下来，放给生病小朋友听，表达对他们的想念、关心之情。

活动二：爱的礼物

活动目标

1. 理解帮助的真正含义：可以是一句关心的话，也可以是体贴的行为。

2. 在关心、帮助他人的过程中，获得愉快的情感体验。

活动准备

KT板上爱心大树一棵、爱心小卡片人手一张。

活动过程

1. 师幼谈话，引出活动。

2. 交流与朋友一起时互相关心、帮助的事。

（1）生病的小朋友，他会遇到什么痛苦，睡在床上又会想些什么呢？

（2）怎样关心生病的小朋友呢？（教师记录幼儿的回答。）

①写信慰问或磁带录音，录下孩子们的慰问的话语。

②用磁带录下教师新教的诗歌、歌曲带给生病幼儿听。

③请画画好的小朋友画一幅画送给生病幼儿，要他勇敢、不怕打针。

④打电话慰问。

⑤说关心、祝福的话送给生病的小朋友。

3. 启发幼儿互相帮助，把送给生病小朋友的关心、安慰、祝福的话写在爱心小卡片上。

4. 师幼一起把爱心小卡片挂在朋友爱心树上，作为礼物送给生病的小朋友。

5. 延伸活动：鼓励幼儿在日常生活中互相帮助，获得愉快的情感体验。

活动分析

这是一个让人充满感动的活动，孩子对同伴之间的一些祝福的话语，深深地打动了每个人的心。看着孩子嘴里说出的一句句充满爱和关心的话语，让我感动不已。孩子的心灵世界是多么纯洁和美好，如果从小就注重情感培养，孩子的未来道路将会顺利很多。

活动三：好人好事墙

活动目标

请幼儿记录身边发生的或自己做的好人好事，展示在主题墙上，鼓励孩子多去做关心、帮助他人的好事。

活动准备

红色爱心卡片每人一张，水彩笔一盒。

活动过程

1. 出示红色爱心，引起幼儿兴趣。

请幼儿发挥想象力畅谈自己的想法。

2. 点名主题。

这颗爱心是每一个会关心、帮助别人的人才拥有的，有这颗爱心的人是善良的，是好人，他会做好事，你们有没有这样的爱心啊？

3. 教师将班里的好人好事记录在每一颗爱心上。

（1）幼儿积极回忆并说说在班里发生的好人好事。

（2）教师将好人好事记录在每一颗爱心上。

4. 好人好事墙。

与幼儿一起将红红的爱心布置在主题墙上，成为班级的好人好事墙。

活动分析

活动从开始到结束幼儿都跟着老师的思路进行活动，纷纷动脑回忆班里出现过的好人好事，并积极举手发言。老师及时地给予引导，使孩子的已有经验得到巩固、强化与迁移。从这个活动中可看出，我班的好人好事还挺多的，孩子的亲社会行为发展较好。

活动四：假如世界上只剩下我

活动目标

1. 引导幼儿要与同伴融洽相处。

2. 明白互帮互助的重要性。

3. 学会关心、帮助他人，学会与他人合作。

活动准备

情境表演所需的材料。

活动过程

1. 谈话引入主题。

（1）“你觉得被关心、被帮助的感觉是怎样的？”

（2）“你得到过别人对你的关心与帮助吗？”

（3）“你曾关心帮助过别人吗？”

2. 讲述小女孩婷婷的故事——《假如世上只剩下我》。

3. 理解、体会故事内容，谈谈自己的感想。

（1）“听了这个故事，你觉得婷婷的想法好不好？”

（2）“你从哪里感觉到这个想法不好？”

4. 在教师的引导下进行情境表演，进一步体会其中的感受。

请小朋友上前在教师的讲述与引导下进行情境表演。

5. 点评与总结。

假如世上就只剩下我一个人是多么的可怕！我们的生活离不开别人的帮助。

活动分析

活动中，教师在讲述故事的时候，幼儿都听得格外认真，他们对婷婷的想法感到很奇怪，想进一步知道假如世上真的只剩下我一个人时，会发生怎样的情况。听完故事后，大家都觉得婷婷的想法不好，从而引出了大家都来争做关心帮助他人的好宝宝这一主题。

活动五：送微笑

活动目标

1. 初步理解真正的帮助，它可以是一句关心的话，也可以是一个体贴的行为。懂得不管能力大小，都可以关心帮助别人。

2. 在关心、帮助他人的过程中获得愉快的情感体验。

活动准备

1. 自制多媒体课件《微笑》、神秘园背景音乐。

2. 小蜗牛的一封信。

3. 幼儿人手一封爱心卡片的信件、水彩笔若干。

活动过程

1. 谈话引出活动，激发幼儿的兴趣。

（1）这是谁寄给我们的？

（2）信里写着什么呢？大家一起猜一猜。

（3）老师念小蜗牛的信，请幼儿说说小蜗牛说了什么？

2. 教师结合多媒体课件讲述故事，提问帮助幼儿理解故事内容。

（1）讲述一遍后提问：故事的题目叫做什么？故事中有谁？森林里的小动物都为自己的好朋友做了哪些事？小蜗牛这是怎么了？后来小蜗牛想了什么办法？

（2）讲述第二遍后提问：

小蜗牛怎么会想到把自己的微笑送给大家？大家喜欢小蜗牛的微笑吗？为什么觉得小蜗牛很了不起？如果你是小蜗牛，你会想出什么好办法？什么是关心帮助呢？

3. 幼儿操作——关心帮助在信里。

（1）引导幼儿用写信的方式也给自己的好朋友或生病的小朋友写信，送上自己的微笑和祝福、送上自己的关心和帮助。

（2）鼓励幼儿大胆在信上画下自己所要关心帮助的好朋友形象。

（3）幼儿操作，教师帮助幼儿记录关心帮助的话。

4. 幼儿互相送信，在关心、帮助他人的过程中获得愉快的情感体验。

活动分析

在活动过程中，我运用自制的多媒体课件，将整个故事制作成形象直观的动画，既可以完整欣赏，又能分段播放，通过观赏课件，引导幼儿了解故事情节，理解故事内容。激发了幼儿的关心帮助他人的愿望。

活动六：他怎么了

活动目标

1. 能辨别他们不同的情感表情，体会他人的心情与感受。

2. 能站在他人的立场考虑问题，想办法给大家带来快乐。

活动准备

笑、哭等 6 个表情图，情景图一、二，气球一个，玩具一筐。

活动过程

1. 从教师的表情引发对表情的兴趣和讨论，复习认识 6 个表情。

2. 游戏“猜猜我怎么了”。

看表情请幼儿说出是什么表情，我心里是什么感觉，猜猜我为什么会有这样的表情？

3. 出示情景图一、二，分别进行情景表演。

（1）情景一：小朋友在玩玩具，另一个小朋友走过去有礼貌地说：“我和你一起玩好吗？”“好的。”于是他们一起高兴地玩了起来。

提问：这时他们的心情怎样？假如不给，另一个小朋友的心情会怎样？

（2）情景二：一个小朋友在玩气球，另一个小朋友跑过去把他的气球打破了，这时，这个小朋友哇哇哭了起来。

提问：这个小朋友当时的心情怎样？为什么会伤心？

4. 情景表演：各请两组小朋友进行表演。

5. 想办法给大家带来快乐。

第一幅图中的宝宝们很快乐，我们看了也很快乐，可是第二幅图中有一个宝宝在哭，因为他的气球被弄破了，你能想办法让他不哭吗？

活动分析

整个活动下来，幼儿表现都较为投入与积极，活动气氛浓厚。通过此活动，幼儿能更为准确地辨别不同的情感表情，体会他人的感受。从活动中可看出，我班幼儿已能初步根据他人的表情辨别他人当时的情绪，并能初步站在他人立场考虑问题，动脑筋想出各种办法给大家带来快乐。

活动七：各种各样的表情

活动目标

1. 培养幼儿辨别不同的情绪表情，体会他人心情与感受。

2. 学会站在他人的立场考虑问题。

活动准备

不同颜色的表情图6个，相应颜色的圆形卡片若干张。

活动过程

1. 从教师的表情引发对表情的兴趣和讨论，认识6个表情图。

看表情图，请幼儿说出是什么表情，心里是什么感觉，猜猜为什么会有这样的表情？

2. 谈谈自己对每一个表情的理解，并结合生活中的事例举例说明微笑的表情什么时候才有，哭泣的表情什么时候才有，生气的表情什么时候会有等。

3. 教师把幼儿的语言记录在相应颜色的表情圆形卡片上。

4. 制作主题板“各种各样的表情”，并进行展示。

师幼互动，将6个表情图与所记录的事例相对应起来，制作成一条条有着不同表情的可爱的毛毛虫。

活动分析

通过这个活动，幼儿能更清晰地辨别不同的情绪表情，体会他人的感受。在讨论的过程中，明显感觉到我班幼儿的亲社会行为发展较好，都能移情，尝试站在别人的角度考虑问题。这个活动，让幼儿进一步感受移情，体会别人的感受，想办法成为能让大家都开心的宝宝。

活动八：合作互助游戏

活动目标

1. 体会没有得到帮助和没有帮助别人的感受。

2. 感受被帮助和帮助别人的感受。

活动准备

大操场、丝巾若干条。

活动过程

1. 教师设定特殊情境，引导幼儿进行角色扮演。

假设情境：有一支解放军军队，在战场上掩护大部队转移。经过一番激烈的战斗，进攻的敌人暂时被打退，而这支军队也损失惨重，只剩下8人。而这些人当中有双眼被打伤的，有失去双手和双腿的，有一只手、一条腿被打伤的，其余的也有不同程度的轻伤。如果他们天黑前不到达目的地，大部队就要开拔，后果不堪设想。现在你们每一组就是这支军队的幸存者。被绑住手脚和蒙上眼睛的是重伤员，其余的是轻伤员。假如离天黑只有两分钟，离大部队的距离只有两条线之间的距离。我们必须在两分钟内从这条起跑线出发，到达前方的另一条线。

2. 在理解情境的基础上，进行合作互助

游戏。

（1）场地选择在室外操场上，以拉大行军距离，增加难度。将幼儿每5人为单位随机分组，每组成员作如下处理：一个人蒙上眼睛，一个人双手绑在一起，一个人双腿绑在一起，一个人一只脚绑上，一个人一只手绑上。

（2）口令发出后，观察每一组是怎么行动的。

（3）游戏结束，统计安全到达和未到达的人数及到达时间。

3. 游戏二——帮助盲人叔叔，体验残疾带来的不便，感受助人带来的愉悦体验。

4. 幼儿表达在游戏中的感受。

（1）眼看不见，腿不能走的时候的感受；

（2）被帮助和帮助别人的感受；

（3）没有得到帮助和没有帮助别人的感受。

活动分析

在这个有趣而又形象的游戏活动中，孩子们充分地体验了帮助人和被帮助的快乐。从而进一步体会了得到帮助是幸福和愉快的，帮助他人也能使自己在情感和理智上得到满足和愉悦。同时，让孩子们知道，在我们周围的生活环境中，有许多需要他人帮助和帮助他人的事，但只要我们每一个人都拥有一颗爱心，我们的世界将更加美好！

活动九：关心帮助好事多

活动目标

1. 仔细观察图片理解图意，并能大胆表述自己的想法。

2. 懂得在别人有困难时能主动去关心帮助。

活动准备

1. 小班下册1号挂图、爱心遮挡卡片3张。

2. 电脑录像片断：项金怡哭了。

3. 记录表格：关心帮助好事多。

活动过程

1. 与幼儿简短谈话，引起幼儿活动兴趣。

师：有一个叫明明的小朋友，在玩具分享日的时候忘了拿自己心爱的玩具了，这个时候，明明会怎么样呢？

2. 教师逐步出示图片，帮助幼儿理解情境内容。

（1）拿掉遮挡明明的爱心卡片，提问：明明怎么了？

（2）你们觉得明明这个时候心情是怎样的？

（3）出示图片1，这个小朋友是怎么做的？

（4）出示图片2，这个小朋友想了什么办法？

（5）出示图片3，这个小朋友用什么办法关心帮助明明？

（6）如果你是明明的好朋友，还会想出什么好办法来关心帮助明明？

3. 结合现实生活的具体情境事件进行讨论。

（1）我们有分享日吗？是星期几？

（2）上个礼拜有谁像明明那样没带玩具？你是怎么做的？

（3）其他小朋友是怎么关心帮助你的？

（4）角色扮演。

4. 电脑播放录像片断：项金怡哭了。

（1）这是谁？他怎么了？

（2）小朋友是怎么做的？

（3）你还有什么好办法去关心帮助项金怡？

5. 出示表格，联系实际进行讨论。

（1）你们平时遇到过不开心、难过的事情吗？（教师分别记录在表格上）

（2）针对具体的事件，大家一起想办法，教师记录。

6. 延伸活动：课后继续记录幼儿身边发生的一些事件，大家一起来帮助。

活动分析

这些活动都是我们情感课题组的成员相

互交流和探讨而设计的，每次活动后，我们都会反思，怎样让活动更有价值，让情感这个抽象的东西更好地融入日常的教学活动中。所以，专家提出要在实际的日常生活中抓一些教育情境，这样让孩子更能形象、深刻地理解和感受。这个活动抓住幼儿身边的事件展开，潜移默化地进行情感的贯穿，得到了课题组成员的一致好评。

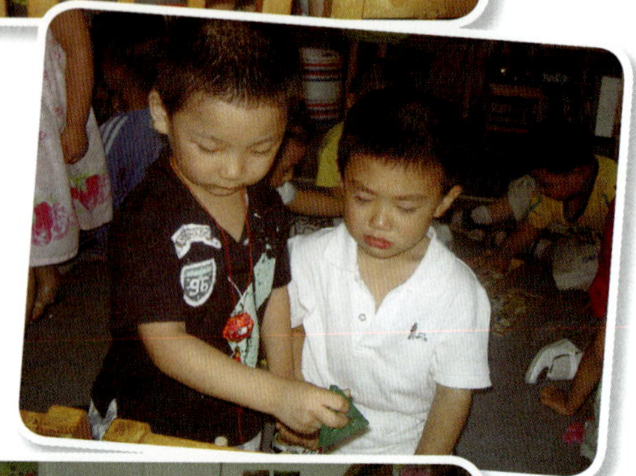

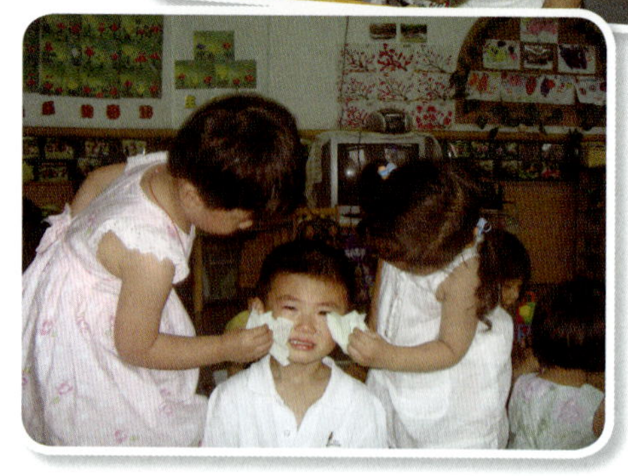

活动十：好朋友

活动目标

当发生争执时能体会他人心情感受，学会站在他人的立场考虑问题。

活动准备

班级中事实事例的提取。

活动过程

1. 提取班级中的事实情景，引出主题。

事实情景：乐乐在教室里玩玩具，李亨走了过来，他也想玩，但是他没经过乐乐的同意，便伸手去拿乐乐手中的玩具，乐乐很生气，于是两个小朋友吵了起来。

2. 大家一起动脑筋想办法帮助他们解决问题。

请每一位小朋友说说，你觉得他们这样的做法对吗？如果是你遇到了这样的事，你会怎么做？

3. 教师总结幼儿所想出的办法，进行经验的迁移。

相互交流后补充所想的办法。

活动分析

现实生活中的事实事例是发生在幼儿身边的事，较为熟悉，交流起来，大家都有话说。针对活动中的情景，大家都积极发表了自己的看法，并且表述说自己遇到会怎样解决。讨论气氛浓厚，活动积极性较高，当发生争执时能体会他人的感受，学会站在他人的立场考虑问题。加上教师的帮助总结，使幼儿的解决策略又有了一定的提高。

四、主题反思

我班是本园情感课题组小班的实验班级，根据情感课题组的研究计划以及本班幼儿的实际情况，开展了情感主题活动《微笑》。活动中我们采取了一系列干预措施和情感教育活动，让幼儿体验帮助别人带来的快乐，进而培养幼儿学习主动关心他人、帮助他人的意识，提升和巩固幼儿的积极情感，更进一步地发展幼儿的社会交往能力，促进幼儿亲社会行为的发展。

情感教育的宗旨是帮助幼儿更好地适应

生活，因此，情感活动教育内容不能脱离幼儿日常生活活动。正当我们老师四处寻找贴近幼儿生活的主题切入口时，班里有一个孩子得了手足口病，没能来上学，便当即组织了活动“今天谁没来”，用录音的形式给没来的小朋友留言，表达自己对他的关心与美好的祝福。接下来我们又开展了第二个活动“爱的礼物”，为他制作漂亮的祝福卡片，等到他康复回来时，把自己做的卡片送给他，放留言给他听，还给他拥抱，让他感受到所有小朋友和老师对他的关爱。与此同时，让所有小朋友共同分享当被关爱者收到他们所给予的关爱时的喜悦心情，进而感受到集体大家庭的温暖和快乐。接着，我们还开展了“好人好事墙”：把班里的好人好事都记录下来，并和大家一起学习分享；“假如世界上只剩下我”，感受朋友多的乐趣；“关心帮助在信里”，引导幼儿知道关心帮助的方法有很多；“他怎么了”，学习体验他人情感；“各种各样的表情”，知道如何才能使大家拥有快乐的表情。幼儿在各种形式的活动中，提高了自身各方面的能力，如语言表达能力、想象力、动手操作能力、社会交往技能等；激发了幼儿产生主动关心、帮助他人的积极情感，引导幼儿积极去关心、帮助有困难的人。通过各种丰富多彩、有阶段、有层次递进性的教育活动，让幼儿体验帮助别人带来的快乐，发展幼儿的社会交往能力，促进幼儿亲社会行为的发展。

当然在整个主题过程中少不了家长们的支持和配合。在主题开展时，每户家庭都设立“好人好事本”，全家一起动员，及时记录孩子的闪光点；家长还及时做好孩子的榜样，以表扬、鼓励孩子为主，培养孩子关心同伴的良好行为。在浓浓的亲子情间也让孩子们体会到了成人是如何关爱自己的，自己又应该如何关爱他人。

幼儿早期是情感发展的奠基期，是情感教育的黄金期，孩子们一旦拥有了快乐和开心，就能拥有自信、勇敢、合群和健康，从而引起并能保持学习的兴趣和积极性，因此，情感的培养应从小抓起。这次的情感主题活动让我们通过多种形式、各种途径，把良好情感的培养融入到小班日常生活各项活动中，促进幼儿身心健康和谐地发展。

爱你有多深

倪慧芳　李婷婷

一、主题实施背景

爱是什么？爱是分享、爱是关怀、爱是仁慈待人、爱是心里装着别人……

一直以来，我们的孩子总是在坦然地、尽情地享受着家人、朋友、周围人的关爱，容易忘了也不懂得去爱别人。而学会关注他人、关心爱护他人是孩子拥有健康情感、良好人际关系的基础，亦是我们情感教育的一项重要内容。

爱别人，首先得学会体验爱、感受爱，进而学会怎样爱。我们首先要引导孩子的是爱妈妈。3~4 岁的孩子虽然有了一些独立、自理能力，但是仍然喜欢在妈妈的怀抱里撒娇，不论是生活上还是情感，依恋的主要对象还是妈妈，妈妈是这一时期与孩子关系最为密切的人。因此，引导幼儿先来感受、体验妈妈的爱，在被爱的同时学会爱妈妈，表达对妈妈的爱。

二、主题活动总目标

1．从细微处感受妈妈的真情深爱，懂得要以自己的爱心来关爱妈妈。

2．了解妈妈需求，学习通过语言、表情、行为等方式来表达对妈妈的爱。

三、主题活动过程

活动一：妈妈的爱（一）

教学目的

1．感受妈妈的爱，体会妈妈的爱。

2．认真倾听，愿意讲述自己的感受。

教学准备

妈妈爱孩子的照片、DV 等、爱心小天使。

教学过程

1．感受妈妈的爱。

（1）出示准备好的照片，以师幼谈话的方式，引导孩子观察，理解妈妈的爱。

（2）我来当一回妈妈，做绿叶抱抱红花好吗？（请幼儿戴上红花头饰，老师戴上绿叶头饰，教师扮演妈妈，逐一拥抱孩子，大家一起学说：“绿叶把红花抱着怀里，保护花的成长”、“妈妈把宝宝抱在怀里，保护宝宝的成长”。）

2．结束。

播放《亲亲我的宝贝》，教师小结。

活动二：妈妈的爱（二）

活动目的

1. 感受妈妈的爱，体会妈妈的爱，学习表达对妈妈的爱。

2. 认真倾听，愿意讲述自己的感受。

活动准备

照片、DV。

活动过程

1. 妈妈保护宝宝（宝宝在溜冰、宝宝在游泳）。

2. 妈妈照顾宝宝（宝宝生病了，妈妈脸上失去了笑容；妈妈在给宝宝洗脚）。

3. 妈妈帮助宝宝（宝宝和妈妈在拼世界地图）。

活动分析

在"妈妈爱我在哪里"的活动中，我们通过看妈妈和宝宝的照片、听妈妈和宝宝的感人故事以及欣赏DV等不同形式，来感受每一位妈妈对爱不同的理解和表达。因为，每一位妈妈所展现的爱的内容侧重点不同，因此，活动之前，我们没有事先设定的活动计划，更多的是在这之前和妈妈交流，理解明白妈妈们所要体现的内容，来即兴引导孩子。

活动中，孩子们很专注，说到自己和妈妈时，很高兴很兴奋，说的不是自己，也是睁大眼睛看，仔细地听，并积极表达自己心中的感受："我妈妈也是这样的……"在这时，我不引导幼儿从某一位妈妈对宝宝的爱中来认识自己妈妈的爱，因为每一位妈妈所认为的爱、表达爱的方式是不同的，小班幼儿由于年龄小，经验的缺乏，对爱的理解比较具体、单一，因此也会有所片面。

活动三：火焰

活动目的

1. 理解故事内容，体会狐狸妈妈在充满智慧与力量营救宝宝的行动中所表现出来的对孩子火焰般炽热而刚烈的爱心。

活动准备

故事《火焰》、火焰故事的人物情感图表。

活动过程

1. 在教师的引导下，幼儿阅读故事书《火焰》，尝试看图理解内容。

2. 倾听教师讲述故事《火焰》，进一步熟悉故事内容，特别是故事中狐狸妈妈三次置身危险去营救孩子的生动曲折的情节，体会狐狸妈妈对孩子的火焰般炽热而刚烈的爱心。

（1）提问：狐狸妈妈是怎样救宝宝的？

（2）她几次救斑点？每次她都成功了吗？

（3）她遇到了什么危险？她是怎么做的？

（4）狐狸妈妈是一个怎样的妈妈？

3. 教师出示情绪记录图，感受、体验故事中狐狸妈妈和狐狸宝宝不同阶段的内心情感，提高幼儿的体验情感能力。

活动分析

幼儿喜欢表演，也喜欢看别人表演。那富有情趣的角色形象，特别接近儿童生活的戏剧形式，不仅唤起他们的新鲜感、好奇心，使他们激动不已，而且能产生巨大的角色效应。根据活动需要，让幼儿担任故事角色或是身边的角色，在这样的情景中，幼儿对角色的语言、行为动作以及思想情感，都有真切的理解。一幕幕的情景暗示使幼儿深深感受到妈妈浓浓的爱。另外，在这过程中，幼儿的语言表达能力、表现能力也得到了有效的训练。故事《火焰》，展现了狐狸妈妈的深切、执著的爱。

附故事

火焰

火焰不是炉膛里熊熊燃烧的火，而是一只母狐狸。母狐狸火焰带着两个宝宝斑点和红毛住在森林深处。

在那里，火焰一家过着平静的生活。

不知从什么时候起，森林里传来了一些奇怪的声音，有时候还会发生奇怪的事情，火焰决定带着宝宝们离开这里。

可是……

半路上，斑点“扑通”掉进了一个陷阱里。

然后，他被猎人带到了农场，关进了铁笼子。

火焰跟踪猎人来到了院门外……“汪汪！汪汪！”猎狗突然叫起来。

“快！抓住她！”猎人“咚咚咚”追出来，火焰转身就往山坡跑去。

火焰冲进羊群，蹿上一只老山羊的脊背。猎人不敢开枪，火焰也乘乱逃走了。

夜里，火焰又乘着月光回到农场来看斑点。就在这时候……

“汪汪！汪汪！”猎狗突然跳了出来，恶狠狠地扑向火焰！

“呜——”

远处传来火车的汽笛声，火焰突然有了个主意，她跑上了铁路。

猎狗紧紧盯住她不放。“汪汪！汪汪！”他们尖利的叫声划破了寂静的夜空。

前面就是高架桥。不知为什么，火焰明显放慢了脚步。

“噗嗤噗嗤——轰隆轰隆——”火车越开越近，猎狗也越追越近，眼看就要……

火焰突然加快了脚步，像一团燃烧的火苗蹿了出去！猎狗却掉进了悬崖。

当她敏捷地跳到桥边的山丘时，火车也“轰隆轰隆”地开走了。

天就要亮了，火焰又回到了农场。可是，发怒的猎人已经做好了一切准备，火焰一点办法也没有。

火焰站了一会儿，转身朝远处跑去。

不久，山坡上就出现了狐狸的身影：一只、两只、三只……

直到——

排满了山坡！猎人们害怕极了，他们赶紧放了斑点，慌慌张张地逃走了。

斑点终于又回到了妈妈温暖的环抱。

活动四：表演《火焰》

活动目的

通过扮演角色，幼儿进一步感受妈妈对孩子的真挚关爱，喜欢表演活动，能大胆讲述角色对话。

活动准备

故事、头饰。

活动过程

1. 回忆故事内容，将故事分为四个片段来表演。

2. 讨论各个片段的角色、角色对话、道具。

3. 幼儿扮演角色，教师引导幼儿大胆讲述角色语言、表现出角色感情，特别是妈妈对宝宝的感情。

活动分析

出乎我的意料之外，孩子们非常喜欢这个故事。喜欢火焰这个角色，并且完全被狐狸妈妈火焰所感动，在表演活动中，争着要扮演火焰这一角色。

孩子们对表演活动非常感兴趣，在讨论角色、角色对话以及道具时，表现出充分的积极性、创造性，如在讨论如何表现陷阱时，孩子们想出用笔在地上画一个大大的圆。孩子们主动热情地参与，大胆创造性地表现，使故事中角色更加深入内心，爱的情感也从中弥漫开来，如在表演火焰妈妈看见斑点被猎人抓走时，孩子们自发用伤心的哭来表达妈妈此刻的心情。

活动五：我的妈妈

活动目的

1. 增进幼儿对妈妈的了解，学会关心妈妈。

2. 培养幼儿任务意识。

活动准备

“我的妈妈”表格（包括妈妈的生日、工作、妈妈最喜欢的事情、妈妈最喜欢吃的东西等），请幼儿回家和妈妈一起用绘画的形式填写完成。

活动过程

1. 幼儿介绍自己完成的“我的妈妈”表格，说一说自己妈妈的生日、工作……

2. 引导幼儿不仅要了解表格中有关妈妈的内容，平时也要关心妈妈，了解自己的妈妈。说一说自己还知道有关妈妈的哪些方面。

妈妈的样子	妈妈的工作	妈妈的生日	妈妈最喜欢吃的东西	妈妈最喜欢做的事情

活动分析

在“我的妈妈”交流活动中，我们对孩子们了解了的有关妈妈的情况表现出极大的热情和惊喜，称赞孩子会关心妈妈，从而产生积极的自我暗示。

除了关注外在的妈妈喜欢吃的、喜欢做的之外，引导幼儿关注妈妈内心的情绪情感也是十分重要的。我们引导幼儿关注妈妈的表情，初步明白妈妈的情绪情感和自己是有很大关联的。初步感知爱妈妈就是要多给妈妈快乐。

活动六：妈妈的表情

活动目的

1. 学习关注妈妈，知道妈妈的情绪和自己行为的关系，懂得要多让妈妈的开心，少让妈妈生气、难过。

2. 培养幼儿初步的情绪识别能力。

活动过程

1. 教师出示三张妈妈不同的表情照片，引导幼儿思考：妈妈什么时候会高兴、难过和生气。

2. 幼儿描绘妈妈高兴、生气、难过的表情，说一说自己喜欢妈妈的哪一个表情，应该怎样让妈妈高兴。

活动分析

本次活动同时亦是培养幼儿关注他人情绪情感，辨别他人情绪情感的能力的活动。在活动中，从幼儿的表述中可以发现大多数幼儿有正确地辨别妈妈情绪的能力，而且能正确地表述出自己行为与妈妈情绪之间的关系。少数幼儿需要教师引导和帮助。

活动七：大伞和小伞

活动目的

1. 通过故事，知道妈妈爱我，我也要关心妈妈，爱妈妈，初步知道某一情景下的爱的表达。

2. 学说：我的心里装着我的妈妈……

活动准备

图片。

活动过程

1. 故事《大伞和小伞》，感受妈妈爱我，我爱妈妈。

故事中插问：小熊要撑妈妈的大伞，现在小熊撑大伞，妈妈撑小伞，雨越下越大，刮起了大风，这时候会发生什么事呢？

师：妈妈淋湿了会怎么样？

师：小熊为什么又把大伞还给了妈妈呢？

师：遇到这样的情况，小朋友会怎样做呢？

……

2. "我的心里装着我的妈妈"。

幼儿用手做一颗爱心，表示自己的心，边做动作边说："我的心里装着我的妈妈，我把大雨伞还给妈妈"。

结合了解我的妈妈情况，幼儿边做动作边说："我的心里装着我的妈妈，我的妈妈名字叫……""我的心里装着我的妈妈，我的妈妈最喜欢吃……我把好吃的跟妈妈分享"等等。

附故事

大伞和小伞

一天，熊妈妈和熊宝宝一块儿出门了。天下起雨来，熊妈妈撑起了大伞，熊宝宝撑起了小伞。可是，熊宝宝觉得熊妈妈的大伞很漂亮，就要和妈妈换一把伞撑。熊妈妈打着小伞，雨水都淋到了她的身上。熊宝宝打着大伞，拿也拿不动。突然，刮起了一阵大风，熊宝宝撑不住大伞，大伞被风刮跑了，熊妈妈和熊宝宝赶紧去追。看见熊妈妈全身都淋湿了，熊宝宝心里难过极了，它把大伞还给了妈妈，对妈妈说："妈妈，对不起，是我不好，我不应该和你换伞，把小伞给你撑，你都淋湿了。现在，我把大伞还给你。"熊妈妈接过了大伞，两人高高兴兴地回家了。

活动分析

《大伞和小伞》引发幼儿感受妈妈爱我的同时，也激发了幼儿要关心妈妈、爱妈妈的情感。借助故事中熊妈妈和熊宝宝在雨中发生的换伞情景，我重点让幼儿思考妈妈撑了小伞后，会发生什么事情，从感受、体验妈妈的心情出发，产生因为自己的换伞，使得妈妈被淋湿，生病的内疚、难过感觉。进而学会关心妈妈、爱妈妈。在小熊榜样的暗示下，孩子们也纷纷表达了自己在这情景下关心妈妈的方式。

另外，结合了解到的有关妈妈的情况，我和孩子们边做爱心动作边说"我的心里装着我的妈妈，我把大雨伞还给妈妈"；"我的心里装着我的妈妈，我的妈妈名字叫……"等等。利用语言暗示，把爱妈妈的情感激发到了高潮。

活动八：我会说……

幼儿回家讲述6句话，增进幼儿对妈妈的了解，特别是记住妈妈的生日，激发对妈妈的爱。家长根据幼儿讲述的情况，给幼儿贴五角星，表示奖励，巩固幼儿关心妈妈的行为。

爱妈妈，就是心里装着妈妈！

1. 我的心里装着我的妈妈，我的妈妈叫……

2. 我的心里装着我的妈妈，我的妈妈长得……

3. 我的心里装着我的妈妈，我的妈妈是做……

4. 我的心里装着我的妈妈，我的妈妈生日是……

5. 我的心里装着我的妈妈，我的妈妈最喜欢吃……

6. 我的心里装着我的妈妈，我的妈妈最喜欢做的事情是……

活动分析

幼儿的情绪容易受环境的影响，所以创设一定的情景容易激发幼儿相应的情感。接下来我们截取日常生活中的片段设置了具体的三个情景：妈妈生病了、妈妈下班回到家和妈妈过生日，来激发幼儿爱妈妈的情感，进行情感操练。让孩子在了解妈妈需求的基础上，通过语言、表情、行为等方式来表达对妈妈的爱。

活动九：妈妈生病了

活动目的

1. 感受妈妈生病时的心理感受，学会主动关心妈妈。

活动准备

妈妈生病了记录纸、故事《三只想生病的小狗》。

活动过程

1. 听故事，理解故事内容。

2. 讨论：妈妈生病时，会是什么感受？

3. 我应该怎样来关心妈妈，表达对妈妈的爱，说些什么？做些什么？

活动十：妈妈下班回到家

活动目的

理解妈妈下班时的心理感受和需要，学习主动关心妈妈，用语言、动作来表达对妈妈的爱。

活动准备

妈妈下班回到家记录纸，故事《妈妈下班回到家》。

活动过程

1. 听故事《妈妈下班回到家》。

讨论：你喜欢谁？为什么？

2. 再次倾听故事，说一说三位妈妈下班时，分别说了些什么。

说一说自己妈妈下班时，她是什么感觉，会说些什么？

3. 故事表演。

老师扮演妈妈，幼儿扮演故事中的三位小朋友，表演故事。

4. 说一说，妈妈下班了，我会怎样对妈妈说甜甜话，做哪些事来关心妈妈。

活动分析

这三个情景是幼儿实际生活中的，经历过的，易于诱发幼儿的情感，具有一定的普遍性。从孩子们对这三个情景中的反应来看，“妈妈生病了”情景最能激发孩子关心妈妈的情感，孩子们表现出的爱妈妈的方式方法更多、更丰富。

妈妈过生日的情景，从孩子们的反应上看，孩子们就有明显的“自我中心”的心理特征。孩子们说：“我要买玩具给妈妈玩”，“我给妈妈买一本书”，等等的回答，孩子们仍然不能自觉地从他人角度来考虑问题，而是从自己的喜好来考虑。因此，活动中，我们引导孩子从妈妈的需要，妈妈的感受来想、来做。同样，妈妈下班回到家，妈妈是怎样的感受，孩子不知道，父母也很少向孩子讲述自己的感受。于是，我们通过故事《妈妈下班回到家》，让幼儿知道妈妈下班后的心理感受和需要，在了解基础上，有针对性地表达爱。

活动十一：妈妈爱我在哪里？

分散讲述：妈妈爱我在哪里。教师引导幼儿讲述。

活动分析

从孩子们的讲述内容中，我们发现，活动进行后孩子对“妈妈的爱”的感受明显比活动前要丰富得多。孩子们会从妈妈和我的身体接触、妈妈对我生活上的照顾、妈妈对我的情感、妈妈和我一起活动等方面来说。这就表明，孩子们对爱的敏感性增强了，爱的体验、感受能力越来越强了。

活动十二：制作妈妈的生日卡

活动目的

通过制作生日卡表达对妈妈的爱。

活动准备

已制作好的爱心形生日卡。

活动过程

1. 激发制作的热情。

给妈妈过生日，送妈妈什么礼物呢？妈妈最喜欢孩子自己制作的礼物。送妈妈一张自己制作的生日卡吧！

2. 出示生日卡。

讨论：生日卡里画些什么呢？

3. 幼儿制作。

4. 教师给生日卡系上丝带。

活动十三：给妈妈过生日

活动目的

1. 记住妈妈的生日日期，给妈妈过生日，

通过讲甜甜话，制作生日蛋糕等方式来表达对妈妈的爱。

2. 能大胆地用多种方式表达心中对妈妈的爱。

活动准备

1. 代表1—12月份的生日蛋糕、已制作好的妈妈的生日卡、未装饰好的蛋糕盒、装饰材料（牙签、小番茄、橘子、花朵和爱心、糖纸蝴蝶、蜡烛）。

2. 妈妈过生日的记录大纸。

活动过程

1. 说出妈妈生日，找到相应的月份蛋糕。

（1）把事先制作好的送给妈妈的生日卡贴到相应月份的蛋糕上。

（2）瞧一瞧，观察生日蛋糕说一说每个月都有谁的妈妈过生日。

2. 爱的表达：甜甜话、动作。

（1）妈妈过生日了，我们会对妈妈说些什么甜甜话呢？会怎样来表达我们爱妈妈的心情呢？

（2）幼儿一起来说一说，唱一唱。

3. 装饰蛋糕、唱生日歌。

活动分析

“给五月份出生的妈妈过生日”——我们进行了一个类似“情景模拟”、“情景再现”的活动，给孩子们创设一种“身临其境”的感觉。活动先在12个生日蛋糕中找一找哪几位妈妈是五月份过生日，找到后，老师扮演过生日的妈妈，尽情享受着孩子们对妈妈的爱的表达。

活动中，利用集体容易形成较强的“情绪场”，积极努力地把气氛渲染起来。如：一个孩子表达了爱妈妈话语：“妈妈，我爱你。”我就让所有的孩子大声地说：“妈妈，我爱你。”浓烈的气氛，激发起全体幼儿的情绪。生日过得非常高兴和感人。

活动十四：爱的情景剧（爱的甜甜话）

活动目的

1. 通过情景表演，进一步感知如何表达对妈妈的爱。

2. 分享、学说爱的甜甜话。

活动准备

已经整理好的爱的甜甜话。

活动过程

1. 激发幼儿的爱的表达情感。

教师分别扮演生病的妈妈、下班劳累了一天的妈妈、过生日的妈妈，激发幼儿关心妈妈、爱妈妈的情感。

2. 幼儿分组，情景表演。

（1）幼儿自由选择自己喜欢的某一情景，分别有三位老师带领，进行情景表演。

（2）小组讨论：角色的语言、道具的制作、动作的运用。

（3）排练。

3. 情景剧：我爱妈妈。

剧一：妈妈生病了。

剧二：妈妈下班回到家。

剧三：妈妈过生日。

4. 延伸活动：回家实践——妈妈下班回到家。

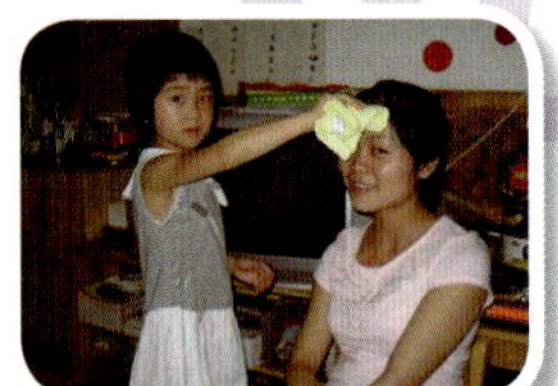

活动分析

我们通过“爱的情景剧”、回家的“爱的表达”，幼儿用语言、表情、行动来表达对妈妈的爱，让妈妈感到快乐，在父母、家人的积极的评价下，孩子从中得到快乐的体验，巩固爱的表现，形成比较稳定的心理态势。

四、主题反思

摆脱以往只是从学习爱妈妈的歌曲、儿歌、然后制作送妈妈的礼物、帮妈妈做事的这种流于形式的说教过程，我们注重幼儿的情感体验和表现，把认知和情感相结合，关注幼儿各方面能力的提高。我们尝试从以下几个方面进行：

1. 截取日常生活的片段，运用情景进行情感的认知和表达。

展现生活中的情景，激发幼儿的生活经验和体验，把情感活动和认知活动结合起来。我们选取日常生活中的三个情景，围绕三个情景展开对妈妈的需要、妈妈的感受的认知。进而有针对性地表达爱。如：妈妈生病了，引导幼儿思考妈妈生病时的感受和需要，利用幼儿的情感共鸣，从自己生病时的体验来感受妈妈生病时的需要，有了原有的体验，因此更能有效地达到情感的认知、激发和表现。

2. 充分利用故事、角色表演，激发情感。

幼儿喜欢表演，也喜欢看别人表演。那富有情趣的角色形象，特别接近儿童生活的戏剧形式，不仅唤起他们的新鲜感、好奇心，使他们激动不已，而且能产生巨大的角色效应。根据活动需要，让幼儿担任故事角色或是身边的角色，幼儿对角色的语言、行为动作以及思想情感，都有真切的理解，幼儿的语言表达能力、表现能力也得到了有效的训练。

3. 关注家园配合，共同参与。

幼儿园的教育离不开家长的支持，我们的情感教育更需要家长的共同参与。帮助幼儿感受到妈妈的爱，除了整理的照片、DV 的展示之外，还需要家长利用生活中的点滴事件来引导。在爱妈妈的表达中，为使幼儿获得爱别人的快乐体验，并且不断地提高表达爱的能力水平，都需要父母在孩子爱的行为出现后及时地给予好评和赞美。每个幼儿有一个爱心牌，我们把活动中的幼儿情感体验、表现都记录在纸上，并设计与妈妈共同参与的活动，使幼儿的认识、情感、行为真正地结合起来。只有家园的共同参与，才会使我们的情感教育真正地促进幼儿的发展。

我不想生气

周乙萍（整理）　胡 瑛

一、主题实施背景

第一次有幸接触到一套有关幼儿情绪管理的书籍（一套书共八本，包括《我不会害怕》、《我好快乐》、《我不想生气》、《我想要爱》、《我不愿悲伤》、《我不怕孤独》、《我很善良》、《我不要嫉妒》），觉得非常适合与孩子分享。因为这套书能够让孩子清楚地认识自己的情感；用合适的方式表达自己的情感；帮助他们释放自己的情感，减少他们的压力；变得更乐于倾听，更会同情他人等等。根据绘本自身的特点及考虑到班级实施的可行性，我们先选择了其中一绘本《我不想生气》进行了以绘本展开式的情绪情感类主题教学活动。希望我们的孩子懂得每个人都会生气，这是人的天性，但是更重要的是引导孩子们学习用良好的手段控制和克服生气的情绪，帮助孩子们发现自己解决问题的途径，并乐于付之行动。因为只有当他们充分体验到生气的情绪，同时又不被这种情绪所左右的时候，才能建立起平和自信的人生态度。

二、主题活动总目标

1．能一页一页地阅读，理解绘本内容，感受作品的夸张，激发想象力，体验绘本中人物的情绪情感。

2．认识基本情绪——“生气”，充分体验和感知生气的情绪，了解生气的不同表现形式和心理感受及调节生气情绪的方法，尝试用多种良好的方法控制和克服生气的情绪。

3．提高情绪控制能力、学习管理自己的情绪，发展口语能力、表达表现能力和解决问题的能力。

绘本《我不想生气》

三、主题活动过程

活动一：小兔子怎么了

活动目标

1．能仔细观察绘本的封面，发挥想象大

胆猜想故事内容。

2. 学习正确的看书方法：知道拿到一本书要从封面开始阅读。

活动准备

绘本《我不想生气》一本，将故事的书名用白纸遮盖。

活动过程

1. 出示故事书，幼儿猜想故事内容。

2. 提问：

（1）这是故事书的封面，请你仔细看看封面，你看到了什么？

（2）小兔子在干嘛？

（3）小兔子为什么那么生气？（教师引导幼儿回忆已有经验来进行猜想。）

3. 学习看书的正确方法：从封面开始阅读。

4. 延伸活动：

（1）请孩子用绘画的形式将猜测的小兔子生气的原因画出来。

（2）带领幼儿观察多本已经阅读过的绘本，看看绘本封面和绘本内容的联系，帮助孩子明白封面可以为我们提供故事内容的重要信息。

活动分析

在幼儿猜想小兔子生气原因的过程中，我们发现幼儿都将自己的经验迁移到了小兔子身上，例如别人抢了小兔子的玩具，小兔子很生气；妈妈不给小兔子吃棒棒糖，小兔子很生气；小兔子想看别人的书，别人不借给他……同时对绘本《我不想生气》产生了浓厚的兴趣，为开展活动做好了铺垫。

活动二：小兔子生气了

活动目标

1. 阅读绘本，体验和感知绘本中小兔子生气的情绪；知道每个人都有不高兴的时候。

2. 感受作品的夸张和丰富的想象力。

活动准备

绘本《我不想生气》。

活动过程

1. 出示绘本《我不想生气》。

再次阅读封面后，逐页翻看书本第一至六页，并讨论：

（1）第1、2页：你看到了什么？小兔子怎么啦？它生气的时候是什么样子的？

（2）第3、4页：小兔在干什么？它为什么要这样做？地球怎么啦？

（3）第5、6页：小兔子怎么啦？

2. 再次欣赏绘本前6页，教师指读书上的文字。

3. 交流自己生气的感觉。

小兔子生气了想怎样做？那你生气的时候什么感觉？想做什么？

活动分析

故事的前几页，描绘了小兔子生气的心理感受和表达的生气情绪，让孩子们产生了强烈的共鸣，孩子们很自然地讲述起自己生气的情绪和心理感受，绘本和孩子有了很好的互动，让大家都明白了一件事情：每个人都会有生气的时候，这是一种正常的情绪。

活动三：当我生气的时候

活动目标

1. 讲述自己生气时的心理感受，了解生气的不同表达方式，并学习用绘本中的句式进行表述。

2. 能大胆地用绘画的形式将自己生气时候的感受表现出来。

活动准备

白纸、记号笔。

活动过程

1. 绘本阅读，再次感知小兔子生气时的心理感受。

2. 引导幼儿讲述自己生气时的心理感受。

你生气的时候是什么感受？想做什么？

3. 幼儿作画——将自己生气时的感受或想做的事情画下来，教师巡回观察和指导。

4. 幼儿交流自己生气时的心理感受，并学习用 “当我生气的时候……” 的句式讲述画面内容。

5. 教师小结：当我们生气的时候有不同的心理感受和不同的表达方式。这都说明了一个现象，每个人都会生气，我们要学会正确面对生气。

6. 延伸活动：请幼儿将自己的讲述用绘画的形式表现出来，最后将幼儿作品贴于主题墙，供孩子们相互交流。

活动分析

绘本中描述小兔子生气的感受虽然有些夸张，但却能将生气的情绪表达得淋漓尽致，让孩子们身临其境地感受生气的情绪。从小兔子的身影中，孩子们看到了自己，他们和小兔子一样大胆地表达着自己生气的感受，一起交流着自己的情感。孩子们明白了，原来大家都有生气的时候，有的人会大哭，有的人想静静地躲起来，有的人想吃东西，有的人会尖叫，想打人、想踢人等，孩子们感受到了生气有很多种不同的表现方式。对生气情绪的认知更加深刻了。当然在这个过程中，老师虽然发现有一些孩子生气时的表现方式不当，如打人、踢人、砸东西等，甚至还有离家出走等，但在这个活动中没有对此进行评价，这样才能引导孩子们将自己内心深处真正的想法表达出来。只有充分表达了之后，接下来随着故事情节的推进，孩子们慢慢地会发现，怎样做会更好。

活动四：我好生气……

活动目标

1. 乐意用绘画和讲述的方式表现让自己生气的事情或经历。

2. 知道生气有很多原因造成，进一步感知生气的情绪。

活动准备

绘本《我不想生气》。

活动过程

1. 出示绘本，带着幼儿一起阅读前面六页。

2. 猜测小兔子生气的原因。

3. 阅读绘本第 7、8 页。

4. 如果你遇到像小兔这样的事情，你会怎么样？你的感觉如何？

5. 阅读文字和图片。

6. 想想除了这些事情会让我们生气，你曾经还碰到过什么事情，也会让你生气？

7. 请幼儿画下自己生气的事情，并将幼儿绘画内容以口述的方式记录下来。

活动分析

在阅读绘本的同时，再次引导幼儿猜测小兔子生气的原因，并讲述自己碰到类似事情时的感受，一方面体验和认知了生气的情绪，另一方面给了孩子们表达的机会，达到了活动的目的。活动后，我们还进行了相关的讨论，将孩子们所说的生气的事情进行分类统计，发现让孩子们产生生气情绪大致集中在三个方面：一是同伴争执；二是受到批评；三是需求没有得到满足。这是我们接下来需要解决的问题：帮助孩子学习解决问题的方法及引导孩子学会调节自己的情绪。但是这些问题如果光靠老师的传输和讲道，是达不到理想效果的，而且也很空洞，所以我们为此寻找了相关的故事和歌曲，借助故事中形象的人物和欢快的歌曲帮助孩子调节生气的情绪。

活动五：生气猪上天

活动目标

1. 认真倾听故事，理解故事内容，乐意为小动物们动脑筋想办法。

2. 知道生气不利于身体健康，学习用适当的方式舒解自己的情绪。

活动准备

自制故事图片9张、小动物头饰若干。

活动过程

1. 出示小动物头饰，引出故事。

2. 讲述故事，引导幼儿观察图片，理解故事。

（1）提问：猜一猜，生气虫会想什么鬼主意让小动物们生气呢？

（2）提问：谁上了生气虫的当？生气虫想出了什么鬼主意让小猪上当？出示“生气蛋糕”，引导幼儿表演。

（3）提问：吃了生气蛋糕的小猪会怎么样？

（4）小猪吃了生气蛋糕竟然成了生气猪，瞧他的肚子气鼓鼓的，越来越大，像只气球似的飞上了天。小动物们赶紧用网兜把他网住，糟糕，他们也被带上了天。小动物们会怎么喊？这下可怎么办呢？

（5）提问：他们想出了什么好办法？

3. 交代故事题目，完整倾听故事。

4. 请个别幼儿表演故事、教师带领幼儿一起讲述故事。

5. 迁移拓展。

（1）在我们的生活中也会遇到一些生气的事情，你会怎么办呢？（启发幼儿联系经验，师生共同谈谈生活体验）。

（2）万一遇到自己解决不了的事情，可以找别人帮忙（如与别人谈谈、请别人出主意、听听音乐缓解情绪等）。这样，生气虫就无机可乘，不会欺负我们了。

活动分析

这则故事用童话的形式展示了幼儿生活中遇到的情绪问题，将幼儿生活中无法自控的情绪转移到了童话人物身上。作品语词丰富，情节跌宕，极富感染力。幼儿会情不自禁地融入故事，假想自己为故事人物，与“生气猪”一起历险，随着情节的推移产生情绪的起伏变化，在不知不觉中得到良好的教育与熏陶。在日常生活中，当孩子生气时，孩子们会提醒自己“生气虫来了，我要把他赶走，不让他影响我，控制我”。生气虫的角色，帮助孩子找到了一个合适的理由摆脱自己生气的情绪。这一招对小年龄的孩子尤其有效果。

活动六：表情歌

活动目标

1. 初步学唱歌曲，通过动作和语言的表现，感受歌曲旋律和人物情绪的变化，乐意大胆地表现高兴、生气、着急、快乐的情绪和动作。

2. 能根据指定的情绪创编动作同时配以相应表情。

3. 体验同伴合作学习和表演的快乐。

活动准备

4 个表情娃娃图片（高兴、生气、着急、快乐）、歌曲图谱、音乐。

活动过程

1. 出示表情图谱，引发幼儿兴趣。

2. 欣赏歌曲，利用图谱理解歌词内容。

（1）这 4 个娃娃唱了一首好听的歌，让我们来听听。

（2）他们都做了些什么动作？（出示动作图谱。）

（3）出示完整的歌曲图谱，教师跟随音乐指图谱帮助幼儿理解歌词内容。

（4）有节奏地用“我……，我……，我就……，看大家一起……”念歌词，比如“我快乐，我快乐，我就拍拍手，看大家一起拍拍手”。（鼓励幼儿一起有节奏地学念。）

3. 学习节奏。

（1）给空白处填上节奏动作。

（2）按“①| × × | × × × | ② × × × | × × × | ”的节奏练习拍手、跺脚、噘嘴、大笑。

4. 学唱歌曲并尝试为情绪歌词配上相应的动作。如：快乐：双手叉腰点头——拍拍手；

生气：抱于胸前，扭转头，噘起嘴巴——嘟嘟嘟；

着急：两手握拳小碎步原地跑——跺跺脚；

高兴：两手上举，身体左右摆动——哈哈哈；

5. 集体表演。

活动分析

每个人都有喜、怒、哀、乐，每个人又有不同的外在表现方式，有的高兴了就拍手，就大笑，就跳起来，而幼儿处在一个模仿力很强，对刺激很敏感的时期，不管是大年龄还是小年龄的孩子，让他们在学习歌曲时模仿各种表情和动作，都是很有兴趣的。在这首歌曲中还反复出现一个节奏 × × | × × × |，对于小年龄的孩子掌握起来就会比较困难，而对于大年龄的孩子来说掌握起来相对较容易，所以，可以通过大小的互动，或能力强的带动能力弱的孩子的方式来进行合作表演。

活动七：爱生气的小花猫

活动目标

欣赏故事，明白不当的生气行为会导致不好的结果，乱发脾气会失去朋友，学习正确表达自己的情绪。

活动准备

故事背景图片。

活动过程

1. 谈话引入活动。

2. 讲述故事《爱生气的小猫》。

3. 提问：小花猫为什么要生气啊？为什么小花猫会没有朋友？小花猫应该怎么样做？才会有好朋友呢？

4. 教师将幼儿想的方法编进故事里面，最后可以引导孩子们给故事取名为《不生气的小猫》。

活动分析

通过故事中小花猫的角色，帮助孩子间接地体验到了乱发脾气，乱生气所带来的不良后果——没有一个好朋友，这也是小朋友们不愿意看到的结果。当老师把和孩子们一起想出来的好办法编进故事情景中的时候，孩子们因为小花猫交到了朋友而欣喜若狂。故事符合小年龄孩子的语言和思维特征，通过角色的模仿，能帮助孩子们学习如何控制自己的生气情绪。

活动八：生气了怎么办

活动目标

1. 观察各种生气场景的图片，了解他们生气的原因，并尝试想出各种解决的办法。

2. 初步学习调控自己的生气情绪。

活动准备

生气的情景图片（事先收集本班幼儿较突出的不高兴的实例）。

活动过程

1. 谈话引入活动。

2. 出示生气情景图片，说说发生了什么事？

3. 想出各种解决的办法。

如果是你，你会怎么办？

4. 讨论后，制定一些“规则”，如生气的时候不能打人、大声吵闹、损坏东西等。

5. 延伸活动：把这些内容画出来，贴在教室的墙壁上。

活动分析

活动的实例是源自孩子们身边发生的事情，所以孩子们都深有体会，在出谋划策的时候，好多人的想法和点子都不错，尤其是大年龄的孩子，个个说得有理，但是至于能不能做到是另一回事，方法的实施还需要落实到日常生活和家庭教育中。另外我们继续收集日常生活中的冲突情境、受批评、需求未得到满足的相关事件（采用观察记录、拍照、摄像），在实际情境和讨论过程中，帮助孩子认知不良情绪表达的后果。活动的最后一个延伸内容：画一些温馨提示类的内容，如生气的时候不能打人、大声吵闹、损坏东西等，然后张贴在教室显眼的地方，以达到提醒大家的作用。这的确是个好办法，在环境中潜移默化地暗示孩子们学会控制自己生气的情绪。

活动九：生气了以后

活动目标

1. 回忆和想象各种生气的结果，并用绘画的形式表达出来。

2. 明白不良的生气方式会伤害自己或别人，学习用适当的方式表达自己的情绪。

活动准备

绘本《我不想生气》、白纸、笔。

活动过程

1. 小兔子生气了以后……

教师出示绘本，想象性地讲述小兔子生气以后发生的事情。

2. 小兔子生气了，肚子里就像装了个大火球，越来越生气，它就越来越大，最后就爆炸了，结果它自己受伤了，送进了医院……（鼓励幼儿参与想象和讲述。）

3. 幼儿自由绘画：自己生气以后，最后发生了什么不好的事情。将自己生气后的结果画下来。

4. 交流绘画内容。

5. 总结：生气是人的一种情绪情感的表现，每个人都会有，人人都会有生气的时候，如果生气后，问题解决了，大家互相更了解。这就是适度的生气，是件好事情。如果生气时，伤害自己，妨碍了别人，就是件坏事情。

活动分析

通过大胆的想象并联系实际生活情景，让孩子们明白了过度生气是会伤害自己或别人，导致不良后果，从而让孩子产生尝试用不同的方式来表达自己生气的情绪的愿望和想法，努力避免过度生气。

活动十：我不想生气

活动目标

1. 绘本阅读，了解排解生气情绪的正确方法，并乐意表达自己的情绪情感。

2. 进一步学习正确表达生气情绪的方法。

活动准备

绘本《我不想生气》、事先请孩子们将解决生气的办法画出来。

活动过程

1. 绘本阅读。

（1）你看到了什么？

（2）你猜小兔子用了什么方法来排解自己生气的情绪？

2. 教师完整讲述故事一遍。

3. 你曾经用过这些好的方法吗？

4. 对先前孩子们画的解决生气的方法进行讨论，看看谁的方法是合理的。

5. 想想还有什么解决问题的好办法，并将它们画下来。

活动分析

通过先前活动的讨论，孩子们已经开始明白原来有些生气的方式会伤害到自己或他人，那样做只会让事情变得更糟糕。那到底可以怎样做呢？当孩子们困惑的时候，绘本便开始向孩子们介绍了三种合理消除生气情绪的方法：深呼吸、冷静、倾诉。在小兔子的引导下，孩子们慢慢地树立了判断的标准，学着反思自己的行为。

活动十一：我不生气

活动目标

1. 知道哭、生气、发脾气会给自己身体带来不利影响。

2. 学习处理消极情绪的方法，逐渐养成积极乐观的生活态度。

活动准备

画有哭、笑、生气的脸谱；白纸、水彩笔等。

活动过程

1. 教师以变魔术的形式换戴笑、哭、生气的脸谱，请幼儿根据变化的脸讨论：什么时候会出现这样的表情？你什么时候也会这样？

2. 向幼儿介绍一些发泄情绪的方法，让幼儿在实际生活中进行尝试。

（1）让自己开心：做喜欢的事，和好朋友一起玩，自己玩玩具……

（2）生气时：可以把事情告诉朋友、老师、爸爸、妈妈，可以大声唱歌，可以在空旷的地方大声喊叫……

（3）害怕时：可以请求别人的帮助，可以听音乐或打开所有的灯。

3. 幼儿动手绘制各种表情的脸，如开心、难过、愤怒、恐惧等，并粘贴于展示区。

4. 延伸活动：平时在生活中，鼓励幼儿与同伴友好相处，学会谦让，保持愉快的情绪。

活动十二：生气汤

活动目标

1. 阅读绘本，理解故事中人物情绪的变化；回忆自己的生气经历。

2. 学习排解消极情绪的多种方法。

活动准备

绘本《生气汤》。

活动过程

1. 出示绘本，引起孩子们阅读的兴趣。

2. 看封面，猜猜什么是生气汤？故事会讲什么？

3. 带着孩子一起阅读绘本，并交流想法。

4. 教师指读故事上的文字，完整阅读一遍。

活动分析

《生气汤》这个故事引发我们关注孩子愤怒情绪与对策，当孩子们生气的时候，帮助他们转移注意力，有助于他们脱离愤怒等负面情绪，这本书不仅给了孩子们一个宣泄负面情绪的方法，也让我们老师明白，应该多站在孩子的角度去认可和理解孩子们的负面情绪，而不是压抑他们，通过绘本的阅读让老师也深有感触。

活动十三：拉拉钩

活动目标

1. 感受歌曲中人物情绪的变化，学习用两种不同的唱法进行表现。

2. 体验与好朋友做游戏的快乐。

活动过程

1. 用故事情景引出活动。

达达和西西是一对好朋友，可是有一天他们同时都想玩一个玩具，就争了起来，结果两个人都生气了。（教师哼唱歌曲第一段。）

2. 引导小朋友们帮助他们解决问题。

（1）他们生气了，怎么办呢？

（2）最后在小朋友们的提议下，达达和西西又和好了。（教师哼唱第二段歌。）

3. 学唱歌曲《拉拉钩》。

4. 找好朋友一起表演歌曲。

活动十四：我的好办法

活动目标

1. 通过读画，感知小朋友生气情绪的不同表达方式及产生的后果。

2. 能用绘画的形式表现自己的解决方法。

活动准备

绘本《我不想生气》、白纸。

活动过程

1. 复读绘本。

2. 欣赏和读画（幼儿事先画的生气的感受和生气的原因）。

（1）通过欣赏生气的感受：知道生气的不当表达方式会伤害到自己或他人。

（2）了解让人生气的原因：知道一些不当的行为会让别人生气，并尽量让自己减少做这样的不当行为。

3. 总结：生气是人的一种情绪情感的表现，每个人都会有，人人都会有生气的时候，如

果生气后，问题解决了，大家互相更了解。这就是适度的生气，是件好事情。如果生气时，伤害自己，妨碍了别人，就是件坏事情。

4．绘画让自己减缓生气的方法，并用完整的话语表达出来。

活动分析

在绘画的过程中，考虑到一些孩子缺乏一定的绘画技能，表现力不够，建议教师要多倾听幼儿讲述绘画内容并将孩子们口述的内容标注在下方，以便进行阅读、分享。

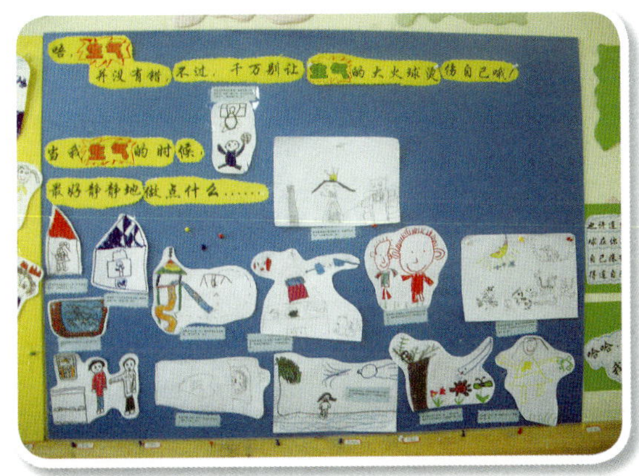

活动十五：制作绘本：我不想生气

活动目标

了解绘本的基本结构，通过合作制作绘本，掌握绘本制作的方法；体验合作成功的乐趣。

活动准备

事先画好的有关图书的内容、硬卡纸、剪刀、胶水、水彩笔、打洞机、绳。

活动过程

1．阅读绘本《我不想生气》，了解绘本的基本结构：封面、书名、故事内容图片、页码等。

2．分组制作绘本。

A组：制作封面。

B组：当我生气的时候……

C组：生气的原因。

D组：生气了，我会静静地做……

E组：结尾部分及方法总括。

3．展示基本成品，书写页码、作者。

4．一起阅读绘本。

活动分析

这个活动主要由中大班的孩子来完成，在制作的过程中，孩子们掌握了制作书本的方法，合作的成果是我们有了一本属于大家的书，孩子们充分体验到了合作成功的快乐。当孩子们捧着自己制作的书，读着自己说的话，自己想出来的好办法，每天都有不同的感受。

四、主题反思

1. 选择主题内容时所作的价值判断。

不同年龄幼儿情绪认知能力发展水平是有差异的，情绪管理书籍中有涉及害怕、快乐、爱、生气、悲伤、孤独、嫉妒等情绪情感，我们之所以选择“生气”这一情绪，是因为对生气，幼儿已经有较高的认知水平，而这是幼儿理解绘本内容的基础。教师对绘本内容的分析和把握，是主题开展的前提；只有绘本内容适合幼儿，才能有效促进幼儿的发展。《我不想生气》是一个情感主题。情感是隐形而微妙的，如何避免空洞地说教，最重要的一个手段，就是借助合适的载体来帮助我们实现教育目的。而我们所选择的《我不想生气》这一绘本，就是一个很好的载体，那只生气的小兔子，仿佛就是孩子自己，它引领着他们探索自己的内心世界，帮助他们充分认识、体验、接纳和管理自己生气的情绪。

2. 主题目标的定位。

在预设主题时，我们将主题目标定位为：一是感知生气的情绪。学会调节情绪，提高管理情绪的能力和解决问题的能力。二是理解绘本、学会阅读，学习制作绘本。清晰明确的主题目标是我们开展主题的方向，也是我们选择教学活动的重要依据。在整个主题的实施过程中，我们努力把握这两个目标。如围绕第一个目标，在阅读封面“小兔子怎么了”和猜测“小兔子为什么会生气”中，我们带领幼儿感知生气的情绪，在讨论“当我生气的时候”，孩子们开始探索自己的情感，更进一步地认知自己的情绪，他们不断地体验、感知，慢慢地接纳自己。随着故事的发展，孩子们思索起调节情绪的方法。与此同时，我们又提供了其他有关情绪情感的小故事，如：《生气猪上天》、《爱生气的小猫》，更是引起了孩子们内心深处的共鸣，在不同角色的体验中感知情绪、理解情感状态。在《表情歌》、《拉拉钩》的音乐活动中，通过角色扮演来表演，使他们更好地认识情绪，在音乐的气氛感染中去体验，使他们的各种情绪得到宣泄。而第二个目标则是贯穿在整个主题中，通过反复地阅读绘本的过程中帮助孩子掌握阅读的方法，学会在阅读中思考，并通过参与绘本制作的过程来加深对绘本的认识。

3. 情感能力的培养不能脱离幼儿实际生活。

我们发现，在主题活动中孩子们自我情绪的认知和表达的能力有了一定的进步。但他们毕竟是孩子，调节情绪的能力、解决问题的能力还是比较欠缺。因为在活动中，孩子们所扮演的角色或故事中的情境毕竟缺乏真实性，孩子的情绪表达不是自发的。而真正的能力只有在日常生活中练习和实践中才能得到提升。比如，在学习和日常生活中，当幼儿产生生气情绪时，首先要帮助孩子认识到这一情绪，引导幼儿分析产生的原因，鼓励幼儿自己尝试寻求、探究解决办法，而不是简单地提供帮助与解决；有时还可组织一些讨论“遇到这样的情况，该怎么办呢？”以此来提高幼儿的应变能力，进行情感教育和幼儿情绪调节能力的培养。

因此，在这样的主题活动中，预设的活动只是一部分，更重要的是教师要善于发现幼儿的情绪，倾听幼儿的心声，善于抓住日常生活情境中的学习机会，帮助幼儿去理解体验不同情境中的心理状态，特别是理解他人的心理，富有同情心，设身处地地为他人着想，摆脱过分自我中心思想，从而学会在不同的场合、不同情境中适当地表达自己的情感，调整自己的心理状态。

我会哭我会笑

陈芳芳　张丽丽　（小班）

一、主题实施背景

幼儿情绪能力是指个体察觉、理解自己和他人的情绪，并在此基础上进行适当表达、调节控制的能力。这其中个体察觉、理解自己和他人的情绪是该能力的基础。那么识别基本情绪便是第一步。识别基本情绪就要让幼儿了解什么是喜怒哀惧，掌握一定的情绪词语，了解、认识自己以及他人的基本情绪状态。根据幼儿发展的年龄特征以及情绪能力的发展特点，小班是识别情绪的重要培养年龄段。

同时，小班年龄段的幼儿以自我为中心，在游戏和区域活动中也常常由于自我中心而引发不少同伴纠纷。为了帮助幼儿今后更好地建立与同伴的关系，以情绪的识别作为切入口，引导幼儿识别基本情绪，正确表达情绪，继而到如何更好地与人交往，在活动中感受与同伴一起玩的快乐，感受朋友的力量。我们希望通过这一系列的主题活动能让幼儿在情绪识别与表达上得到一定的提升。让幼儿知道怎样更好地表达自己的情绪，以及了解快乐和难过、生气都是可以分享的，与朋友的这种分享，可以让彼此之间更融洽，也可以让自己变得更快乐。

二、活动前准备及相关环境创设

准备：

1. 收集幼儿情绪表现、交往中出现的典型问题等活动录像。

2. 请家长帮助孩子一起收集一些不同面部表情的脸谱。

环境创设：

1. 制作5种典型的面部表情为主题墙。

2. 制作各种面部表情的纸娃娃，作为悬挂。

三、主题活动总目标

1. 通过多种活动，初步了解、感知、识别高兴、生气、伤心等几种简单的情绪表达方式，感知其不同的面部表情。

2. 引导、鼓励幼儿大胆、主动地用语言表达自己的情绪情感，逐步形成一种积极、愉快的良好情绪。

3. 引导孩子主动关心、询问他人的情绪情感，愿意安慰和帮助他人。

四、主题活动过程

活动一：笑嘻嘻

活动目标

1. 理解儿歌内容，感知笑的表情，能有表情地朗诵儿歌。

2. 能说短句：笑嘻嘻，我上幼儿园。

活动准备

若干有着快乐表情的幼儿照片或图片。

活动过程

1. 欣赏照片或图片,感知笑的表情。

2. 欣赏、理解儿歌《笑嘻嘻》。

3. 幼儿学念儿歌。

4. 与同伴分享、交流自己上幼儿园的经验、感受。

5. 编儿歌。结合班里的情况把小朋友的名字编进儿歌,让幼儿感受积极的情绪。朗诵自编的儿歌,活动结束。

活动分析

小朋友的情绪较容易被儿歌感染,很多小朋友都说:"明天上幼儿园 ,我不哭,笑嘻嘻,很开心。"整个活动的最高潮部分就是编儿歌,把小朋友自己的名字编进儿歌里,他们都相当兴奋。无论是听到自己的名字或是别人的名字被编进儿歌里,他们都很开心,并且纷纷举手要求来创编儿歌。这种简单、朗朗上口的儿歌颇受小朋友喜欢,把小朋友的名字编进儿歌,他们更能受到这种高兴情绪的感染,更能激发他们的积极性,从而产生积极、愉快的情绪。

附儿歌

笑嘻嘻

第一天上幼儿园,小明不哭笑嘻嘻。
第二天上幼儿园,小华不哭笑嘻嘻。
第三天上幼儿园,我们大家不哭笑嘻嘻。

活动二:情绪小脸谱

活动目标

1. 识别高兴和不高兴两种情绪状态的基本面部表情,了解情绪角里情绪小脸谱的作用。

2. 引导、鼓励幼儿每天主动地用情绪小脸谱表达自己的情绪情感。

活动准备

情绪角里一人一个情绪小脸谱(两面)。

活动过程

1. 识别高兴、不高兴两种脸谱。

2. 引导幼儿学学高兴、不高兴脸谱娃娃的面部表情。

3. 介绍情绪角作用和具体操作方法。

活动分析

在活动中,孩子基本能识别出高兴与不高兴这两种情绪脸谱。对这两种情绪的基本面部表情也大致能描述出来。在引导孩子翻情绪脸谱的过程中,孩子们都比较乐意参与,愿意用情绪脸谱来表达自己不同的情绪状态。但在询问幼儿情绪状态及原因时,大多数孩子都只是表述自己的情绪状态(高兴或不高兴),而不表述产生这一情绪状态的相关原因。应多引导、鼓励幼儿表达自己产生相关情绪的原因。

活动三:我的小脸谱

活动目标

1. 学习动手贴一贴简单的高兴与伤心的脸谱。

2. 体验动手操作的乐趣。

活动准备

每位幼儿一个圆形脸谱(无五官),不干胶,剪刀。

活动过程

1. 交代任务。剪贴高兴与伤心两种脸谱五官。

2. 教师出示空脸谱,引导幼儿贴五官。鼓励幼儿大胆动手,按照自己的想法贴脸谱。

3. 幼儿相互介绍作品。

4. 评价、交流。

活动分析

孩子们通过自己的动手操作，来加深与丰富他们对表情的识别，从而对他人的情绪有基本的认识与辨别能力。同时在操作的过程中体验动手的乐趣，促进孩子们对活动的兴趣，体验成就感。

活动中，小朋友对“高兴”这个表情掌握得最好，对于伤心、生气能识别出来，但是要在脸谱上做出来对他们来说有点难。有些小朋友把伤心、生气统归为不高兴，小朋友普遍较喜欢高兴的表情。

活动四：表情娃娃

活动目标

1. 通过简单的涂、描感受体验高兴与伤心不同的面部表情。

2. 培养幼儿积极、愉快、向上的情绪。

活动准备

每位幼儿一张没有五官的表情娃娃白描图，油画棒。

活动过程

1. 听故事画表情。

（1）男娃娃叫明明，明明经常帮助别的小朋友，所以老师奖给了明明很多五角星，明明高兴地笑了。请小朋友在明明的脸上画上高兴的、笑的表情。

（2）女娃娃叫红红，红红的玩具破掉了，不能玩了，所以她很伤心地哭了。请小朋友在红红的脸上画上伤心的、哭的表情。

2. 请幼儿涂上与表情相应的颜色。引导幼儿按自己的想法涂色。

3. 和幼儿一起讨论，是高高兴兴地笑好还是哭好。

活动分析

高兴的表情比较单一，便于孩子们的理解，但是不高兴的表情有点复杂，包括生气、伤心等，孩子们较容易混淆。为了使孩子们对各种基本的表情有更深入的了解，通过描绘来加深对表情的认识，同时来感受两种不同的心情，从而培养引导孩子们积极、愉快、向上的情趣。

活动五：有趣的脸

活动目标

1. 帮助幼儿进一步理解高兴、伤心、生气等词意。

2. 启发幼儿根据三种表情联想相应的事情，并说一句完整的话，培养幼儿大胆发言和自信。

活动准备

高兴、伤心、生气三种表情的图片各一张，与三种表情相应的挂图各一幅，与三种表情相应的图卡每人一张。

活动过程

1. 出示图片，进一步理解高兴、伤心、生气等词的含义。

2. 根据理解学做高兴、伤心、生气三种表情。

3. 出示与三种表情相应的图画。引导幼儿用一句话简单地描述图片上的事件。引导幼儿讲解时配上自己相应的表情。

4. 引导幼儿结合自身事件，用一句话说说自己的情绪感受。

活动分析

孩子们的日常生活中有很多高兴、伤心、生气的事情发生，但他们往往不大会及时用语言表达出来，所以让孩子们回忆运用自己的已有经验来阐述对三种表情的理解，既培养了他们的语言表达能力，又使他们对自己平时的情绪有一个感性的了解，从而引导他们学习控制自己的情绪，培养他们有一个良好的情绪情感。

活动中，小朋友能很好地识别高兴、生气、伤心这三种表情，请他们做一做这三种表情时，他们很高兴，面部表情十分丰富。但请他们看图讲述时有点难，大多数小朋友只说“明明很高兴”或“可可生气了”，原因都不大讲的，只有少数几个小朋友能用一句话很完整地讲出来。请幼儿自由联想时，他们把脸谱上生气、高兴和伤心的原因都跟自己的生活经验结合起来了，讲得挺好的。

活动六：照一照

活动目标

1. 通过照镜子、观察识别自己和同伴的不同情绪表情。

2. 将自己观察、体验到的情绪表情简单地描摹下来，并用语言清楚地表达出来。

活动准备

小镜子、画纸、笔每人一份。

活动过程

1. 照一照，看看自己的脸。

2. 画下自己在镜子中的表情，看看是高兴的还是不高兴的，并问问自己为什么。

3. 和好朋友两两结伴，相互观察自己好朋友的脸。

4. 画下自己好朋友的脸，看看他是高兴的还是不高兴的，并问问好朋友为什么。

5. 幼儿描述，教师记录。

活动分析

一般情况下，我们观察、识别的都是别人的情绪表情。那自己的情绪表情自己怎么来观察和识别呢？一般孩子都有照镜子的生活经验，用镜子来观察自己的情绪表情。能观察、识别自己的情绪表情，才能更好地观察、识别别人情绪表情，从而进一步学习关心、帮助他人。

在活动中，孩子们基本能在情绪小脸谱上用不同形态的五官来描绘自己在镜子中观察或感受到的情绪表情，但也有个别孩子不能独立将自己观察或感受到的情绪表情用情绪脸谱的形式描绘下来，需要同伴或老师一定的帮助。同时，当孩子在观察、描摹自己好朋友的情绪脸谱时，只有个别孩子会主动地去询问自己好朋友高兴或不高兴的原因。可见幼儿在关心别人情绪状态、询问别人情绪原因时的主动意识还是比较薄弱的。

活动七：宝贝玩具

活动目标

1. 能关注娃娃的哭和笑，同情找不到家的娃娃。

2. 懂得玩过玩具后要放回原处，学习收拾玩具的方法。

活动准备

1. 一个会哭、会笑的娃娃。

2. 一些散放在各处的玩具。

活动过程

1. 寻找哭声：将玩具娃娃丢弃在一角，使其发出哭声。

2. 找到娃娃后引导幼儿关心娃娃，抱一抱，亲一亲。问问为什么她会哭。

3. 请幼儿送娃娃回家。一同感受高兴愉快的气氛。启发幼儿想象自己找不到妈妈时会怎样，使幼儿懂得玩好玩具后要送玩具回家。

4. 帮玩具找家。请幼儿找一找还有什么玩具没有在自己的家里，请幼儿帮助它们回家。

5. 游戏：谁走错了家。

先请幼儿闭上眼睛，先将部分玩具散放各处或调换位置。请幼儿睁开眼睛观察什么玩具走错了家，帮助玩具回家。并请幼儿体验

"走错家"时的难过心情和"回家"时的高兴心情。

6. 欣赏儿歌《宝贝玩具》,活动结束。

活动分析

在关注自身情绪的同时,学会去关注他人的情绪情感,这能促进孩子个体间的交往,也有利于情感的培养。角色游戏对小班的孩子来说比较重要,而且也较受孩子的欢迎,所以结合这一点开展了本次活动。与此同时可培养孩子的常规,学习收拾玩具的方法,养成玩好玩具后自己收拾好的习惯。

活动八:小小脸谱册

活动目标

1. 进一步识别高兴、生气、伤心三种不同情绪表情。

2. 尝试将这三种不同的情绪表情进行模仿和简单的描摹。

活动准备

三张画纸钉成的小小脸谱册每人一本、笔。

活动过程

1. 巩固识别三种情绪表情。
2. 模仿三种情绪脸谱。
3. 描摹三种情绪脸谱。
4. 幼儿描述,教师记录。

活动分析

每一个孩子都是天生的模仿家,任何东西他们都喜欢模仿。基于孩子的这种特点,相信变化万千的情绪表情也非常能激发孩子的模仿兴趣。从而在孩子感兴趣的模仿游戏中,进一步巩固对几种基本情绪的识别。

在活动中,孩子们基本能识别出高兴、生气、伤心这三种不同的情绪表情。在模仿、学做这三种情绪表情时,表情都非常生动、非常丰富。

五、主题活动反思

这个主题活动进行下来,整体上讲,孩子们还是比较投入,对活动也是比较感兴趣的。整个主题基本分两大步走:第一步,先让孩子基本区分、识别高兴与不高兴两种情绪表情。同时引导鼓励孩子大胆、主动地表达自己的情绪情感。第二步,把不高兴的情绪再加以细化,基本区分、识别高兴、生气、伤心这几种情绪表情。继续鼓励幼儿大胆主动地表达自己的情绪情感。同时引导幼儿关心他人,即当别人伤心生气时,学着去安慰、帮助别人。

经过一系列的活动后,孩子对高兴、生气、伤心这几种情绪表情基本能区分与识别。对不同情绪的脸部动态也有基本的了解与掌握,也能生动、有趣地尝试模仿这几种情绪的基本面部表情。

在日常活动中,对于自己情绪情感的表达,也从一开始的不大愿意大胆主动地表达自己的情绪情感,在逐步的引导与鼓励下,渐渐地能在老师的引导下或询问下,表述自己的情绪情感。在整个主题快结束的时候,很多孩子都已经能充分地利用情绪角的小脸谱,大胆主动地表达自己的情绪情感。且次数比较频繁,已不局限于教师鼓励的早、晚各一次了。更有几个孩子,只要是他们有情绪想表达,任何时候他们都会主动地表达自己的情绪情感。除了能主动表达自己的情绪情感之外,孩子们也能逐步地关心周围的人,关心别人的情绪情感,并尝试着去询问原因,帮助和安慰他人。

但整个活动下来,也存在一些不足的地方。如:孩子对几种基本的情绪表情能加以区分、识别,但孩子的理解还是具有一定的表面性和局限性。比如在孩子的理解中,高兴可以笼统地用笑来等同,伤心可以笼统地用哭来等同。

图书在版编目（CIP）数据

幼儿教师如何打造高EQ宝宝 / 浙江师范大学杭州幼儿师范学院附属幼儿园编著. -- 杭州 : 浙江大学出版社，2013.11
ISBN 978-7-308-11778-4

Ⅰ. ①幼… Ⅱ. ①浙… Ⅲ. ①情商-能力培养-学前教育-教学参考资料 Ⅳ. ①G613

中国版本图书馆CIP数据核字(2013)第147046号

幼儿教师如何打造高 EQ 宝宝
浙江师范大学杭州幼儿师范学院附属幼儿园 编著

责任编辑 徐 静
封面设计 林智广告
出版发行 浙江大学出版社
（杭州市天目山路148号 邮政编码 310007）
（网址：http://www.zjupress.com）
排 版 杭州林智广告有限公司
印 刷 浙江印刷集团有限公司
开 本 889mm×1194mm 1/16
印 张 12
字 数 330千
版 印 次 2013年11月第1版 2013年11月第1次印刷
书 号 ISBN 978-7-308-11778-4
定 价 68.00元